LIVROS QUE CONSTROEM

Biblioteca Êxito - 59

Volumes publicados:

1. Do Fracasso ao Sucesso na Arte de Vender .... Frank Bettger
2. As Cinco Grandes Regras do Bom Vendedor........ Percy Whiting
3. Vença Pelo Poder Emocional........ Eugene J. Benge
4. Sucesso na Arte de Vender .... Harold Sherman
5. A Arte de Vender para a Mulher .... Janet Wolf
6. TNT - Nossa Força Interior .... H. Sherman e C. Bristol
7. O Segredo da Eficiência Pessoal .... Donald A. Lird
8. Realize suas Aspirações .... Elmer Wheeler
9. Dinamize sua Personalidade .... Elmer Wheeler
10. Vença pela Força do Pensamento Positivo .... Pierre Vachet
11. Venda mais e Melhor .... W. K. Levis
12. A Chave do Sucesso .... W. G. Damroth
13. Os Sete Segredos que Vendem .... E. J. Hegarty
14. Psicologia Aplica na Arte de Vender .... Donal A. Laird
15. Grandes Problemas e Grandes Soluções do Vendedor Moderno .... Percy H. Whiting
16. Ajuda-te pela Cibernética Mental .... U. S. Anderson
17. Super TNT - Liberte suas Forças Interiores .... Harold Sherman
18. O Poder da Comunicação .... J. V. Cerney
19. O Poder da Cibernética Mental .... R. Eugene Nichols
20. Leis Dinâmicas da Prosperidade........ Chatherine Ponder
21. Leitura Dinâmica em 7 Dias .... Wiliam Sahial
22. A Psicologia da Comunicação........ Jesse S. Nirenberg
23. Criatividade Profissional .... Eugene Von Fange
24. O Poder Criador da Mente .... Alex F Fange
25. Arte e Ciência da Criatividade .... George F. Kneller
26. Use o Poder de sua Mente .... David J. Shwarts
27. Para Enriquecer Pense como um Milionário .... Howard E. Hill
28. Desperte sua Força Mental .... Alex. F Osborn
29. Criatividade - Progresso e Potencial .... Calvin W. Taylor
30. Criatividade - Medidas, Testes e Avaliações .... E. Paul Torrance
31. Psicologia, Técnica e Prática de Vendas .... Constantino Grecco
32. Vença Pela Fe .... Gordon Powell
33. Ideias para Vencer .... Myron S. Allen
34. A Força do Poder Interior .... J. J. McMabon
35. O Líder - 500 Conceitos de Liderança .... Ilie Gilbert
36. Gerência de Lojas .... Constantino Grecco
37. 0 Líder - vol. II .... Ilie Gilbert
38. Viver Agora .... Joel S. Goldsmith
39. O Líder - vol. III .... Ilie Gilbert
40. Nos Bastidores da Venda .... I. R. Petarca
41. Manual da Criatividade .... Mauro Rodrigues
42. A Alegria do Triunfo .... Patrick Estrade
43. Ajuda-te pela Magia .... J. M. Nogueira
44. Liderança com Sucesso .... Isabel F Furini
45. O Poder do Subconsciente .... Marcel Rouct
46. Otimismo e Ação........ Isabel F Furini
47. Como Tornar-se um Campeão de Vendas .... Jonathan Evetts
48. Os 7 Pilares do Sucesso em Vendas .... Jonathan Evetts
49. Negociação Personalizada .... Tom Anastasi
50. Salmos para a Prosperidade .... Daniel G. Fischman
51. Salmos para a Proteçao .... Daniel G. Fischman
52. Meditando Dia-a-dia........ Kimara Amanda
53. Vender é uma Arte .... Terri Murphy
54. Show de Vendas .... Sidney A. Friedman
55. 16 Regras para ser Feliz .... Paulo G. Freitas
56. Vencer é ser Feliz .... Silvério da Costa Oliveira
57. Horóscopo Japonês .... Minami Keizi e Onmyoji Seto Shamon
58. Minutos de Reflexção........ Norma Margareth De Marchi Assunção

Transforme o Problema em Desafio

H554t HINDS, Sérgio.
Transforme o problema em desafio / Sérgio Hinds.
Colaboração de Daniela Colla. - São Paulo : IBRASA, 2011.

112 p. (Biblioteca: Êxito; 59)
ISBN 978-85-348-0343-4

1. Psicologia. 2. Autoajuda.
I. COLLA, Daniela, Colaboradora. II. Título. III. Série

CDU: 159.962

Maria José O. Souza CRB 8/5641

Índice para catálogo sistemático:

1.Psicologia: 159.9
2.Autoajuda: 159.962

Transforme o Problema em Desafio

SÉRGIO HINDS

Colaboração
Daniela Colla

3ª Edição

IBRASA - Instituição Brasileira de Difusão Cultural Ltda. São Paulo - SP

Direitos desta edição reservados à

IBRASA
Instituição Brasileira de Difusão Cultural Ltda.
Rua 13 de Maio, 446
Tel/Fax: (0xx11)3284-8382
ibrasa@ibrasa.com.br
www.ibrasa.com.br

Criação de Capa
Richieri Pazzeti

Arte Final
PDesign
Editoração & Diagramação
PDesign
www.petillodesign.com

Foto do Autor
Marcelo Rossi

Revisão
Tasso Augusto Campana dos Santos

Coordenação e Produção Editorial:
Tania Jorge

Publicado em 2011

IMPRESSO NO BRASIL - PRINTED IN BRAZIL

SUMÁRIO

Prefácio

Transforme o seu problema em desafio
Diz Sérgio Hinds, dedilhando a prosa
Numa guitarra presa por um fio
Harmonizando a vida cor-de-rosa

Distorce o tempo, o espaço e faz um mantra
Mostra o caminho certo, a autoestrada
Só vive mais quem cedo se levanta
Mas o melhor do dia é a madrugada

Soltar a emoção, entrar na dança
Sobreviver até que uma criança
Invente a tal da imortalidade

E tome vegetal e tome água
Limpar do coração o medo e a mágoa
Eis a receita da felicidade

Carlos Colla
www.carloscolla.com.br

DEDICATÓRIA:

Dedico este livro a Deus, à minha mulher Daniela Colla, aos meus filhos Carolina Colla Hinds, Mariana Hinds e Gibson Hinds, minha irmã Eliana, meu neto Giovani, meus sogros Carlos Colla e Thaisa Colla, meus cunhados Carlinhos e Lili, meu sobrinho Carlito, meu genro Rafael e minha nora Raquel, e aos meus amigos Waldemar Marsetti, Valdimir D´Angelo, Roberto Shinyashiki, Richieri Pazzeti, Marcelo Rossi, Pedro Martins, Flávio Venturini, Sérgio Magrão, Sérgio Melo, Fabiane Costa, Jorge Tarasiuk, Vladi, Flávio de Almeida, Ricardo Abraão, Bruno Ferro, Miriam Abraão, Fernando Mello e Marília, Dinno Benzatti, Gaspar, Renzo Querzoli, Cássio Toledo, Mire Touron,Arnold, Betão, Edão, Rubinho, Luiz Novo, Lalo, Carlos Paga, Dirceu Dinamarcos, Adriano Carioca, DJ Ramilson Maia, DJ Gabriel Bialon, Tagima, Ney Nakamura, Márcio Zaganin, Eber, Wagner Solano, Vagner Garcia, Zé de Holanda, Cebola, Issau, Zé Henrique, Expedito, Tania Jorge, a toda equipe da IBRASA e a todos os leitores.

TRANSFORME O PROBLEMA EM DESAFIO...

...como este livro, por exemplo. Meu primeiro livro. Como começar?

E depois do grande trabalho de escrever, como editar e lançar? Precisei transformar tudo isso, que aparentemente seriam problemas, em desafios.

Por que escrever este livro?

Estava eu dando uns conselhos de vida para a secretária da minha sogra quando saí com essa frase "Transforme o problema em desafio". Minha mulher escutou e disse imediatamente: "É um bom tema para um livro".

Bem, na cultura oriental, todos se sentam em volta dos mais velhos - teoricamente, os mais sábios -, para ouvir suas histórias e absorver ensinamentos baseados em experiências de vida. E isso, se considerarmos o sucesso desses povos, deve ser uma prática benéfica.

Como costumo proclamar aos sete ventos que a minha total felicidade nessa vida, com certeza, se deve ao meu modo de encará-la; como pretendo trabalhar sempre, "aposentadoria nem pensar"; como já ganhei dinheiro usando as minhas teorias; e como venho fazendo um *workshop* sobre como fazer tudo na vida usando "a teoria do sentimento" (quem sabe mais um livro, he he he), resolvi escrever e transmitir a todos que tiverem acesso aos meus livros minhas experiências e o meu modo de encarar a vida.

Não sou dono da verdade, nem quero ser, mas acredito que, como minhas teorias têm dado certo comigo, poderão ajudar muitas pessoas a administrar essa dádiva de Deus que é a nossa existência.

Os seres humanos são, por natureza, competitivos. Em diversas situações, temos o ímpeto de tomar a frente dos outros. O que nos segura, muitas vezes, é a nossa educação. Mas no trabalho essa competitividade é mais do que necessária, é vital.

Desde criança disputamos alguma coisa com os amiguinhos e, por vezes, sentimos inveja, ainda que sem ter noção do que é. Se a inveja for transformada em desafio para uma possível conquista, ela pode até vir a se tornar saudável. Quem já não achou o carro do amigo ou do vizinho bacana? Então, em vez de ficar de "olho grande", batalhe, trabalhe, lance-se no desafio de conquistá-lo.

Estou falando da competitividade para que você use essa energia, para que você deixe desabrochar aquela criança que quer correr e sempre chegar à frente dos outros.

Quando surgir um problema daqui pra frente, use sua inteligência e transforme esse problema em desafio. Use seu instinto de competitividade para vencê-lo. E, quando alcançar o objetivo traçado, vai se sentir o vencedor de um desafio, e não simplesmente um solucionador de problema.

Melhor você passar a falar para os amigos e para você mesmo que venceu vários desafios hoje e que tem outros para vencer amanhã.

CAPÍTULO 1

SAÚDE

Transforme o problema de saúde em desafio

Você se sente cansado frequentemente?

Fica doente facilmente?

Não pode abusar, como, por exemplo, ficar uma noite sem dormir ou ir a uma festa, tomar alguns drinques, que no dia seguinte está um lixo?

Dá uma corridinha atrás de uma condução ou de uma criança e fica com falta de ar?

Contraiu uma doença grave?

Então, está na hora de você repensar seus hábitos, pois você está com a imunidade baixa e sem preparo físico. Isto não é normal, sua saúde está debilitada.

Quem não conhece o ditado "o peixe morre pela boca"? Esse ditado deveria ser incorporado como lema da medicina preventiva.

Já ouviu falar que lugar de médico é na cozinha?

Posso afirmar categoricamente que 80% das pessoas que estão lendo este livro agora não se alimentam corretamente, ou melhor, de forma saudável.

Já ouviu falar de alimento morto e alimento vivo?

Li uma vez um texto da respeitada nutricionista Ros´Ellis Maior Moraes, intitulado *No Caminho da Alimentação Viva*[1], que abordava com muita propriedade os valores da alimentação que mantém os nutrientes vivos, tão necessários aos nossos organismos. Segundo o texto, há "alimentos geradores de vida - sementes germinadas (brotos)" e os "mantenedores de vida - verduras cruas, frutas frescas, sementes e castanhas." A autora também aborda como iniciarmos uma "reeducação alimentar

[1] www.alegresvegetarianos.com/alimentovivo

eliminando paulatinamente os alimentos "mortos", aqueles que nos "retiram energia ao invés de nos dar".

Quando ingerimos um alimento morto, uma carne, por exemplo, nosso organismo necessita desprender uma energia muito grande para digeri-la. Como isso é uma constante em nossas vidas, nosso corpo passa a maior parte do tempo fazendo um esforço enorme para fazer a digestão. Isso causa um desgaste muito grande em nosso organismo, o que acaba por afetar todas as nossas capacidades e gera a diminuição da imunidade e o aumento da incidência de várias doenças.

Mas alimentação não é tudo. Nossa saúde física depende fundamentalmente de nossa saúde mental. Nossa mente comanda nosso corpo. Prova disso são os faquires, religiosos e afins, que fazem abstinência de alimentação por dias a fio, controlam a dor ou mesmo conseguem se curar de determinadas enfermidades.

Um dia, um médico e cientista homeopata, amigo meu, me falou, que nunca teve em seu consultório um caso de doença grave em que o paciente estivesse de "bem com a vida", que estivesse feliz até adquirir a doença. Normalmente, são as pessoas depressivas, rancorosas, infelizes, que contraem as doenças graves.

Falando em imunidade... Imunidade me lembra banho frio, uh uh uh, brrrrrr...

É isso mesmo. Eu tomo banho frio na Serra da Cantareira (SP) em pleno inverno, marcando 5 graus no termômetro.

Em 1973, quando fui morar em São Paulo, pegava um vírus diferente a cada 10 dias, então me lembrei de quando estava na Academia da Aeronáutica, EPCAR, em Barbacena. Marcaram um acampamento em Santos Dumont e obrigaram todos os cadetes a tomar banho frio durante a semana que o antecedia. Os que não ficaram gripados, como eu, foram acampar. Lá passamos uma semana sob chuva intensa, embaixo de barracas pequenas que nos deixavam com a perna de fora. Atravessamos rios e lagoas vestidos e dormimos com as roupas molhadas. Para resumir a história, ninguém ficou gripado ao fim da jornada. Também li alguns artigos de médicos que aconselham o banho frio diário, pois aumenta a imunidade e é bom para a pele e para o cabelo. Eu, há anos, só tomo banho frio, chego a ficar três anos sem pegar uma gripe.

Antes de tudo, é preciso que conheçamos o nosso corpo. Devemos estar sempre atentos, pois não somos todos iguais. Se você estiver com alguma enfermidade e consultar três médicos, provavelmente, terá três diagnósticos com tratamentos diferentes. Portanto, aconselho você a aguçar seu instinto de curiosidade e pesquisar antes de usar um determinado remédio. Veja na Internet, leia a bula, pergunte aos parentes e amigos que, eventualmente, já o tenham tomado.

AS SETE MARAVILHAS DO MUNDO

Quais são as sete maravilhas do mundo pra você?
Aqueles monumentos famosos?
Para mim, as sete maravilhas do mundo são:

1 - VISÃO
2 - AUDIÇÃO
3 - OLFATO
4 - PALADAR
5 - TATO
6 - CAPACIDADE DE PENSAR
7 - CAPACIDADE DE AMAR

Somos seres complexos e maravilhosos. Devemos preservar essa dádiva divina.

ESPORTES

Estar fisicamente forte faz com que a gente se sinta mais seguro para enfrentar qualquer desafio da vida. É psicológico, há uma transferência da força física para todo nosso corpo. Passamos a encarar os desafios com maior segurança.

Uma vez, vi um filme muito interessante em que um executivo tinha uma academia em sua sala de trabalho, atrás de uma estante que servia de fundo falso. Ele ficava malhando enquanto aguardava a pessoa com quem ele faria a próxima reunião. Quando a pessoa chegava, a secretária avisava, e ele tomava uma ducha rápida, entrava por sua passagem secreta e sentava em sua cadeira. Em seguida, pedia para secretária mandar a pessoa entrar. Não precisa nem falar que ele se dava bem em todas as reuniões, pois estava superenergético e forte, com o sangue renovado, raciocínio rápido.

Praticar esportes é uma necessidade vital para nosso organismo, principalmente no mundo moderno, em que temos sempre um meio de transporte próximo a nossa disposição, caminhamos muito pouco e temos uma poltrona confortável nos esperando em todos os locais.

Um cardiologista me disse, uma vez, que devemos praticar exercícios físicos todos os dias, e não só três vezes por semana. Não caminhamos nem corremos como nossos ancestrais, que tinham que caçar para comer. Só que essa é a nossa natureza.

Quando recomendo a um amigo ou parente que pratique esportes, sempre vem a resposta na ponta da língua: "Acho academia um saco!".

Pois é, se você quer ter vida longa e saudável, exercite-se, mexa-se. Coragem!

A solução é relativamente fácil: sempre existe alguma atividade física que gostamos. Tente se lembrar da sua infância, adolescência. Um jogo, uma dança, qualquer coisa. Jogar peteca... Fui visitar minha irmã em uma cidade do interior de Minas Gerais, e ela me convidou para ir ao clube passar a tarde jogando o quê? Peteca! Um jogo que tem uma quadra parecida com a de vôlei e que se joga peteca com uma raquete sofisticada parecida com a de *squash*. Posso afirmar que saímos bem cansados e nos divertimos bastante. Bem, praticar qualquer jogo é bem melhor que frequentar uma academia, pois existe o estímulo da competição, o desafio de ganhar.

Podemos buscar uma desculpa para praticarmos esportes. Eu tive várias em uma época da minha vida. Quando estava cursando a academia de cadetes do ar, em Barbacena, para não marchar e treinar tiro, que eu detestava, matriculei-me em vários esportes: judô, capoeira, *water polo*, acrobacia, futebol americano e futebol. Só de ler, ficou cansado? Eu não. Meu estímulo para praticar tantos esportes era deixar de fazer coisas que eu não gostava.

Se você não gosta de estar acima do peso, de ter pouca resistência para fazer as atividades do dia a dia, se está começando a ter problemas frequentes com a saúde, já tem vários estímulos para começar a praticar esportes ou intensificar aqueles que já faz.

Se não quer, não tem ou não pode gastar dinheiro, a maioria das cidades tem parques públicos com pistas de *cooper* e aparelhos de musculação e ginástica. Também pode frequentar os SESCs, se morar em São Paulo, pois são maravilhosos e têm um preço superacessível. Eu costumo frequentá-los, dependendo da hora e do local em que estou. Se morar perto de praia, são muitas opções, como *surfe*, *windsurfe*, caiaque, *kitesurfe*, frescobol, bola, natação, corrida, caminhada, velejo, etc.

Outro dia me convidaram para remar na Lagoa Rodrigo de Freitas, no Rio de Janeiro. Procure os clubes de regatas e braços à obra.

Procure os amigos, fale da sua vontade e necessidade de praticar algum exercício físico. Corra atrás de uma solução. Tente passar a ir a determinados lugares a pé. Vá de bicicleta para o trabalho de vez em quando, se for possível. Enfim, seja criativo e lembre-se, qualquer atividade na água é muito saudável.

Outra dica é estacionar o seu veículo sempre longe do local aonde você vai. Com isso, se você não puder praticar algum esporte, pelo menos já terá feito uma caminhada no dia.

As pessoas que não praticam esportes, frequentemente, sofrem de depressão, problemas de circulação, desânimo, fraqueza, insegurança.

Se nos sentirmos fortes fisicamente, vamos nos sentir fortes mentalmente e, com isso, a alegria de viver se renova a cada dia, a disposição para vencer os desafios da vida aumenta significativamente.

A IMPORTÂNCIA DO SONO

Todo mundo sabe que nosso corpo precisa muito do sono para repor as energias perdidas durante o dia.

Quem dorme pouco pode ter problemas de hormônio, irritabilidade, crescer pouco... O sono, além de ser uma necessidade fisiológica do nosso corpo e da nossa mente, é o momento em que ocorrem vários processos metabólicos, e alterar isso pode afetar todo o equilíbrio do nosso organismo. Quem dorme menos do que o necessário tem menor vigor físico, envelhece mais precocemente, está mais propenso à infecções, à obesidade, à hipertensão e ao diabetes. Durante o sono são produzidos alguns hormônios que desempenham papéis vitais no funcionamento de nosso organismo. A produção do hormônio do crescimento, o GH (*Growth Hormone*) e da leptina, ocorre durante a primeira fase do sono profundo. A melatonina é liberada, induzindo o sono (sonolência). E assim por diante.

Muitos problemas na escola podem ser causados pela falta de boas noites de sono. O desempenho cai, e a criança pode até ser equivocadamente diagnosticada como hiperativa em função da irritabilidade e de sua dificuldade de concentração.

Ai da voz dos cantores e do rosto das modelos sem uma boa noite de sono... Ah, dormir de dia não é a mesma coisa...

A falta de sono, a curto prazo, causa cansaço, irritabilidade, mau humor, perda da memória, lentidão de raciocínio, falta de criatividade e dificuldade de concentração.

A longo prazo, causa envelhecimento precoce, falta de vigor físico, compromete o sistema imunológico, a pessoa tende a desenvolver diabetes, obesidade, doenças cardiovasculares e gastrointestinais e perda crônica da memória.

Quem não atinge o sono profundo não descansa. Uma noite mal dormida é pior do que barriga vazia...

A insônia pode ter muitas causas, mas antes de seguir meus conselhos, ou já seguindo, primeiro procure um médico. Se ele não detectar o problema, ou se não conseguir, siga algumas dicas.

Vamos começar com atitudes drásticas para garantir a eficácia e depois podemos voltar paulatinamente com as coisas que você gosta, uma a uma, desde que a insônia não volte.

1 - Primeiro, corte totalmente a ingestão de café, refrigerante, cerveja ou qualquer produto que seja excitante;

2 - Pare de jantar, faça apenas um lanche leve com pão integral, queijo branco e uma vitamina mista, enfim, só se alimente de produtos de fácil digestão por volta das 19h. Como já disseram alguns, devemos tomar café como um rei, almoçar como um príncipe e jantar como um plebeu;

3 - Tome um suco de maracujá uma hora antes de dormir;

4 - Passe a dormir no máximo às 22h;

5 - Não deixe a TV ligada ou fique horas em frente ao computador, pois eles geram dificuldade para adormecer;

6 - Não leia nada, pois esse costume à noite deixa nossa mente muito ativa, prejudicando o relaxamento;

7 - Escureça bem o quarto, para que a luz do dia não venha a te despertar antes do tempo que seu corpo precisa;

8 - Compre um bom colchão;

9 - Um bom banho quente também ajuda a relaxar.

Crie seu próprio ritual durante pelo menos 15 dias até obter um resultado satisfatório.

Se a insônia melhorar, continue e, aos poucos, experimente voltar com algum procedimento que ache indispensável para sua felicidade.

Se a insônia não melhorar, realmente você deve procurar alternativas como a acupuntura, a yoga, etc.

Mas, veja bem, qualquer reeducação alimentar, seja mudança de hábitos para se obter uma vida mais saudável, requer certo sacrifício. Com o tempo, você se acostuma, e seu corpo e sua saúde vão agradecer.

Eu falo tudo isso com propriedade, pois entendo bastante quanto é importante o sono na vida das pessoas, pois senti na própria pele os efeitos de não dormir bem.

Nunca gostei de dormir, sempre achei uma perda de tempo. As pessoas passam metade da vida dormindo, e nunca me conformei com isso. Mas também, se não dormirmos bem, acabaremos morrendo na metade do caminho... Era isso que estava acontecendo comigo. Eu ficava acordado até muito tarde trabalhando em meus projetos e ficava excitado com eles. Quando resolvia dormir, não conseguia, então voltava a trabalhar, e isso era uma constante em minha vida. Bastavam 4 horas de sono, e eu já estava pronto para as atividades maravilhosas que a vida me oferecia. Bom, meu corpo não aguentou muito tempo e foi dando sinais de que esse comportamento estava me fazendo muito mal. O primeiro a reclamar foi meu coração, vivia tendo ataques de taquicardia e assim por diante. Então, comecei a ler sobre a importância do sono em nossas vidas, sofri uma lavagem cerebral da minha mulher (rsrsrs...), comecei a mudar de comportamento e me senti bem melhor. Ainda bem que encarei o problema, transformei em desafio e parti para fazer tudo que os médicos especializados nessa área recomendavam. Coloquei na balança e, com certeza, a saúde está em primeiro lugar, pois sem ela fica difícil realizar e concluir qualquer projeto de vida.

QUANTO O TRÂNSITO INTERFERE EM SUA SAÚDE?

São Paulo é a cidade que tem a maior frota de helicópteros particulares do mundo. Quer se livrar do trânsito? Então, em vez de ficar comprando automóveis 0 km, trocando de carro a cada ano, entre num financiamento de helicóptero, e todos os seus problemas estarão resolvidos. Ah! Não se esqueça de tirar o brevê. Rsrsrs...

Ledo engano. Soube que em uma recente pesquisa, amplamente divulgada pela mídia, em que participaram um helicóptero, uma bicicleta, um maratonista, uma moto e um carro, percorrendo o mesmo trajeto, sabe quem ganhou? Acreditem, a bicicleta!

Agora, falando sério, quem nunca passou pelo pesadelo de sair de casa com vários compromissos com hora marcada e não conseguir cumprir nem a metade de sua agenda por causa do trânsito? Quem nunca perdeu uma reunião de negócios, uma prova na escola, um voo, um encontro, uma oportunidade? Prejuízos financeiros e morais. É impossível calcular em número as perdas provocadas por esses minutos ou horas perdidas dentro de um automóvel ou transporte coletivo.

Tenho uma secretária que tem que sair de casa às 5 horas da manhã para conseguir chegar às 8 horas na minha casa - e, muitas vezes, com atraso. E a que horas ela tem que acordar? É diarista e tem família para cuidar, por isso, vê-se impedida de dormir no emprego.

Quanto custam os engarrafamentos?

Certamente o preço que se paga é caro... Há um artigo muito interessante a respeito chamado "Trânsito nas grandes cidades: o preço do tempo perdido"[2], escrito por Cláudio Carneiro e publicado no site Opinião e Notícia, que revela dados surpreendentes. Vale a pena dar uma lida.

No Brasil, a solução passa pela melhoria e crescimento do transporte público, além da conscientização da população sobre a redução do uso do automóvel. O trânsito deixou de ser um problema só das grandes metrópoles, agora temos um excesso de carros trafegando na maioria das cidades. Perdemos muito tempo no trajeto entre o lugar em que moramos e o local de trabalho. Além do tempo, perdemos qualidade de vida, já que nos estressamos bastante.

Eu, já há algum tempo, uso a moto como meu principal meio de transporte. Divirto-me no trânsito em vez de me estressar.

Os metrôs no Rio e em São Paulo são uma alternativa rápida e relativamente segura.

A bicicleta, em alguns casos, pode solucionar o transporte de uma forma bem saudável, pois você consegue resolver dois problemas/desafios: o transporte e a atividade física.

Na China e na Índia, os veículos de duas rodas são os mais usados pelos habitantes e com grande resultado, inclusive com relação à diminuição da poluição ambiental. Sobre duas rodas você fica em contato direto com a natureza, sentindo o vento na cara, os cheiros e, dificilmente, fica parado. O tempo entre os deslocamentos se perde em meio à contemplação do caminho.

---

[2] www.opiniaoenoticia.com.br

Soube que foi feita uma pesquisa, por uma universidade no Japão, sobre as ações benéficas que a utilização dos veículos de duas rodas trazia sobre a mente humana, e chegou-se a um resultado interessante. Estimula a mente e os sentidos, deixando as pessoas com a atividade cerebral mais saudável.

Se essa prática não for viável para você, procure de alguma forma se beneficiar com esse tempo de transporte. Na Europa, as pessoas têm o costume de ler livros nos transporte públicos. Aproveite para agendar seus compromissos ou criar seus projetos. Não deixe que esse momento passe em branco. É como se estivesse desperdiçando muitas horas de sua vida. Um sábio chinês disse, certa vez, que se durante o trajeto de um lugar para outro conseguirmos observar a beleza de uma flor, esse tempo não terá sido perdido. Procure fazer durante esse tempo alguma coisa produtiva, que te dê prazer ou os dois. Hoje, com os celulares multifuncionais, os *palm tops* ou outros brinquedinhos eletrônicos modernos, é fácil encontrar uma distração ao invés de se estressar no caminho.

O CIENTISTA UCRANIANO

Um cientista ucraniano, que morava em Nova York, tido como um dos mais inteligentes físicos nucleares, teimava em andar de charrete pela cidade e era criticado pela sociedade científica. Como uma pessoa tão à frente do seu tempo e tão integrada à evolução de todas as tecnologias poderia perder tanto tempo com o transporte de um lugar para outro? Ele respondia num tom de sobriedade:

— Esse é o momento em que eu admiro a cidade onde moro, o tempo que eu consigo olhar o rosto das pessoas, o tempo que eu contemplo a imensidão do céu e aprendo que a tecnologia não tem valor se não nos dá prazer, se não nos aproxima da natureza e da importância das coisas simples da vida. É nesse momento que eu busco a inspiração para os meus projetos.

Devemos buscar alternativas e transformar o tempo que seria perdido com o engarrafamento em um ganho. Você pode produzir alguma coisa, se deliciar com a observação da natureza ou simplesmente se distrair.

Quando insisto em que pense em se transportar em veículos de duas rodas, é porque esses veículos, além de poluírem menos o meio ambiente, o deixarão em contato com a natureza e, no caso das bicicletas, proporcionarão a você um bom exercício.

Assim que me mudei do Rio de Janeiro para São Paulo, em meados da década de 70, deparei-me com um trânsito infernal que ainda desconhecia. Além da dificuldade de circulação causada pelo número muito grande de veículos, existe também uma agravante:

em São Paulo as distâncias são sempre mais extensas, pois é uma das maiores cidades do mundo. Como, muitas vezes, tinha que me locomover de carro para sair com a família ou para transportar instrumentos, comecei a pensar em alguma alternativa que fosse viável para burlar esse mal necessário.

Algumas largas avenidas foram criadas para aumentar o fluxo de veículos e a velocidade média do tráfego. Porém, isso funcionou enquanto o número de veículos não era maior do que o planejado. Ao constatar esse fato, comecei a buscar outros caminhos que já existiam antes mesmo que essas largas avenidas fossem construídas. Confesso que me perdi bastante durante quase dois anos, mas depois passei a conhecer tantas opções para chegar a um mesmo lugar que, às vezes, mesmo de moto ou bicicleta passei a usá-las para fugir do trânsito caótico ou mesmo para variar o visual.

Essa tática pode ser usada em qualquer cidade e vai fazer bem a você. Primeiro, porque lhe proporcionará conhecer melhor o lugar onde vive e quebrará a monotonia de fazer sempre o mesmo caminho. Segundo, porque livrará você do pesado trânsito das avenidas e da tensão de ficar parado, estressado, no mesmo lugar.

DESAFIOS:

- MUDAR A ALIMENTAÇÃO E TOMAR BANHO FRIO;

- DORMIR CEDO;

- PRATICAR EXERCÍCIOS FÍSICOS DIARIAMENTE;

- IR DE BICICLETA PARA O TRABALHO.

CAPÍTULO

2

RELACIONAMENTO

Transforme o problema de relacionamento em desafio

Se o problema for a sogra, compre agora uma espada e desafie-a para um duelo. Rsrsrsrsrs... Ops, é brincadeira.

Se você tem dificuldades em se relacionar com as pessoas, seja no trabalho, com os amigos ou com a família; desespera-se com essas questões, entra em depressão; tem problemas com sua parceira ou parceiro, vive brigando ou se separando, este capítulo vai ajudá-lo a administrar esse problemas e transformá-los em desafios.

O assunto é muito delicado, pois os desafios são muitos e quase sempre comprometem nossas relações afetivas, sejam familiares, amorosas, de trabalho, etc.

Usando um método de relacionamento eficaz em determinado caso, provavelmente ele se aplicará a muitos outros.

A felicidade é um estado de espírito, é você conseguir colecionar um maior número de momentos felizes. Como passamos a maior parte do tempo nos relacionando com as pessoas, se essa relação for prazerosa, então nos sentiremos felizes.

Para enumerar uma parte dos desafios dos relacionamentos seria necessário escrever outro livro... Se formos analisar a causa, e não o efeito, e tentarmos estimular atitudes preventivas, a coisa ficará mais fácil.

A maior parte das desavenças acontece porque as pessoas têm a tendência de querer ditar regras, achar que sempre têm razão e assim desrespeitam o próximo ao tentar impor suas ideias. Partindo desse princípio, se você se tornar uma pessoa mais flexível, aceitar que não é o dono da verdade e respeitar seu próximo como a si mesmo, resolverá a maior parte dos seus problemas. Mas ainda faltarão alguns, como, por exemplo, o ciúme.

O ciúme é um sentimento de propriedade ou posse sobre coisas ou pessoas. Em primeiro lugar, ninguém é dono de ninguém, e os objetos não vamos levar para o nosso túmulo. O ciúme aprisiona não só o outro, mas a si mesmo. Então, liberte-se! Leve uma vida mais leve, sem desavenças e priorizando os momentos felizes que passa junto aos seus entes queridos. É bem mais fácil do que parece. Sorrir movimenta um número de músculos bem menor do que ficar bravo; então, SORRIA, ainda que seja por economia, he he he.

O diálogo é o instrumento mais poderoso que existe em todas as relações e o mais difícil de ser usado. Converse com as pessoas que ama, não esconda qualquer ressentimento, fale aberta e imediatamente sobre o que o incomoda e esteja sempre atento ao sentimento do outro. Isso deve ser um eterno exercício. Quando você deixa para discutir um problema depois, guarda rancor e esse sentimento aumenta e corrói também a relação. Devemos conversar tudo o que acontece aqui e agora. Não discuta, não brigue, não ofenda, dialogue! E atenção, ninguém é perfeito, nem você. Portanto, não exija demais das pessoas que te cercam.

A maior dificuldade fica por conta dos mais jovens, pois os hormônios estão em ebulição, e qualquer coisa que acontece toma grandes proporções. Por isso, quem sempre comandou e participou de revoluções políticas ao longo de nossa história foram os jovens. Se você é jovem, deve se policiar mais que o normal, deve tentar fazer exercícios de relaxamento quando se deparar com um problema de relacionamento. Deve parar para pensar antes de dar uma resposta mais ríspida para alguma pessoa próxima sobre algo que te incomoda. Nada é tão grave que mereça a agressão, seja por palavras ou por gestos.

O ser humano é um animal racional, inteligente, não pode ter atitudes de um predador, deve aprender a controlar suas atitudes impulsivas. Não podemos ser vingadores vorazes que agridem por se sentir ameaçados. Podemos sim, em casos extremos, nos defender e a nossa família.

Se você leva um tapa e oferece a outra face, como já dizia Jesus, você desarma quem te agrediu, acaba com a briga antes mesmo que ela comece. Você faz com que o agressor reflita sobre o erro que ele está cometendo. Agora, se você revida com outra agressão, torna-se previsível e desencadeia uma briga em que o resultado é imprevisível.

Não é para interpretar ao pé da letra, mas para refletir sobre quando você é agredido de alguma forma. Não revide, analise a situação naqueles trinta segundos que antecedem sua tomada de decisão. Respire, pondere sobre os fatos, exercite o autocontrole e decida.

O diálogo sempre será a melhor solução para qualquer desavença.

O GAROTO E O CACHORRO BRAVO

Um garoto era líder de sua turminha. Todos o seguiam e respeitavam seus ensinamentos. Um dia, brincando na estrada, à beira do rio próximo à cidade onde moravam, avistaram o cachorro bravo da fazenda vizinha sendo arrastado pela correnteza. O garoto, então, se atirou no rio e nadou em direção ao animal e o salvou. Quando estava nadando de volta às margens, o cachorro o mordeu. Morrendo de dor, ele soltou o bicho, que voltou a ser arrastado pela correnteza. Mesmo sofrendo com a dor da mordida, ele pegou um galho de árvore comprido e novamente ajudou o cachorro a se salvar.

Logo em seguida, ele se juntou aos seus amiguinhos na estrada, que o olhavam perplexos.

— José, você deve estar sofrendo muito com a dor da mordida desse animal ingrato, bicho ruim que não merecia sua ajuda. Eles haviam assistido à cena e o receberam-no penalizados.

José ouviu os comentários e respondeu:

— Ele agiu conforme sua natureza, e eu conforme a minha.

O garoto exagerou, mas serve como ensinamento. Não devemos ajudar ou tratar os outros pensando na troca, e sim porque é a forma mais correta de agir. Na maioria das vezes, não seremos mordidos! E sem cobranças, hein? Em geral, seremos reconhecidos e tratados com a mesma moeda.

ARRUME SUAS COISAS E SUA MENTE

É bem mais fácil jogar a cueca no chão, pendurar as calcinhas no chuveiro, largar a pasta de dente aberta, a louça suja e outras *cositas* mais.

Mas, em contrapartida, é bem mais saudável ter uma casa arrumada. Traz bons fluidos. Quando arrumamos e limpamos as coisas que nos cercam, simbolicamente, arrumamos nossa cabeça, nossos pensamentos. Não é tão difícil. Vamos pensar na maioria da população, que não tem empregados para executar todas as tarefas.

Bem, a louça, por exemplo, eu tenho uma receita que dá muito certo: "usou, lavou". Inclusive, quando estiver cozinhando, lave imediatamente as louças e talheres. Assim, quando a comida estiver pronta restará muito pouco a lavar, provavelmente, os pratos e talheres que você usou para comer. O segredo é não deixar acumular, para não assustar e desestimular.

Se você mantiver um cesto de roupas sujas no banheiro, com certeza vai facilitar a viagem das cuecas e calcinhas.

Manter a pasta de dentes, as gavetas, o açucareiro, o vidro de café solúvel, a lata de leite em pó fechados vai melhorar sua qualidade de vida, porque essas atitudes refletem que você tem o hábito de dar continuidade ao que começou. E começando a se preocupar em abrir e fechar todas as coisas, você estará exercitando sua cabeça a manter o foco nas coisas até que elas completem seu curso.

Todos os nossos comportamentos têm uma correlação. Temos que estar atentos a eles. O conhecimento de nós mesmos é o princípio da sabedoria.

Antes de estudarmos qualquer coisa, temos que nos conhecer profundamente. Somos o mais importante estudo. Nós nos graduamos em medicina, engenharia ou qualquer outro curso, mas não sabemos quase nada a respeito do nosso corpo, da nossa mente. A arte do autoconhecimento é a alfabetização na escola da vida. Quem é você? Descubra-se! Quais são suas dificuldades, habilidades? Enfrente seus medos, aventure-se em novos desafios.

A felicidade está aqui e agora.

O que é a felicidade?

É você conquistar o maior número de momentos felizes. Para isso temos que procurar olhar sempre o lado bom da vida. Desprezar o que aconteceu de ruim no nosso dia e valorizar o positivo.

Quando falo que é importante arrumarmos as coisas, é porque, quando fazemos essa tarefa no dia a dia, estamos treinando nossa mente a se arrumar, a andar sempre limpinha, com bons pensamentos. A felicidade tem a ver com as coisas bonitas, esteticamente escolhidas, coloridas, bem-arrumadas, bem vestidas. Arrume, arrume-se, limpe, termine o que começou, feche o que abriu e abra um novo horizonte em sua vida.

Arrumando armários e gavetas:

Primeiro faça uma limpeza criteriosa, tirando tudo do lugar para começar do zero. Não se assuste, pois se seguir essas instruções só terá que repetir isso daqui a um ano.

Separe as roupas do armário e as coisas das gavetas que não usou nos últimos dois anos e doe para quem precisa.

Limpe bem o armário e as gavetas, deixe-os limpos e cheirosos.

Comece a arrumar as roupas colocando, na parte da frente, as roupas que mais gosta de usar e, na parte de cima das gavetas, as coisas que mais usa.

Aquelas que menos usa, coloque na parte de trás dos armários e na parte de baixo das gavetas. Se for inverno, as roupas de verão ficarão atrás e vice-versa.

Pode ter a certeza de que, fazendo isso, não só estará arrumando o armário e as gavetas, mas estará arrumando sua vida. Se conseguir manter tudo arrumado e limpo, organizará não só seu espaço exterior, mas sua mente.

Experimente!

Em tudo, o nosso sentimento é o que importa. A intenção, boa ou má, influencia diretamente nossa vida no futuro. Qualquer ação, por mais simples que seja, se for feita com o coração, produz benefícios na vida das pessoas.

JOSÉ E O RIO

José, o menino que salvou o cachorro bravo de se afogar no rio, morava perto da primeira curva que ele fazia, próximo a uma pequena cidade ribeirinha. Vivia brincando com seus amigos na beira do rio, era conhecido de todos na cidade, já fazia parte da paisagem.

Acordava sempre muito cedo quando seu pai saía para trabalhar. Ia observar os peixinhos antes mesmo de o sol clarear o rio, sempre alegre assoviando com os passarinhos. O rio ficava à beira de um bosque e era muito fundo. Quando não tinha escola ficava ali até o sol se pôr.

Um dia, porém, chegando para brincar, ele notou que o rio estava com as águas muito turvas, cheio de lama.

A quantidade de lama era tanta que mal dava para ver a lâmina de água limpa que passava por cima. Foram anos de acúmulo de lama, que agora iria prejudicar muito suas brincadeiras na água em que adorava se banhar e observar os peixinhos. Passaram alguns dias e realmente aconteceu o esperado, só de tempos em tempos aparecia um peixinho para se arriscar e tentar ver a luz do sol.

José pensou, pensou e chegou à conclusão de que tinha que tomar alguma atitude, senão em breve ele ia ficar sem sua diversão predileta. Mas que atitude?

Começou a caminhar a esmo pelas margens do rio enquanto pensava. Foi quando avistou um bastão. Bem irritado, começou a agitar o bastão furiosamente na lama, que começou a se espalhar. Foi escurecendo toda a água próxima de onde ele estava. Ele, assustado, parou imediatamente, mas o rio já estava muito sujo e sem aquela lâmina de água limpa. Ficou arrependido do que fez e achou que agora é que nunca mais iria mesmo poder brincar. Sentiu uma grande culpa pelo mal que causou ao rio e a si mesmo. Sentou-se, abaixou a cabeça e, colocando-a entre as mãos, ficou quieto e triste.

O rio continuou a correr e, com o tempo, a água foi clareando e restou novamente uma lâmina de água limpa maior que a anterior. Passou algum tempo até que o menino olhou novamente para o rio e ficou muito surpreso com o que ele tinha desencadeado. Ficou muito feliz e, mais tranquilo, pôde brincar.

Voltou no dia seguinte revoltado com o que tinha acontecido. Primeiro, porque viu poucos peixinhos no dia anterior e depois, por causa de tanta lama que deixou o rio daquele jeito. Olhou para a lâmina de água limpa e não viu nenhum peixe. Pegou, então, novamente o bastão e começou a agitar as águas e a lama. Ao ver a lama novamente tomar conta de toda a água, sentiu outra vez uma culpa imensa. Sentou-se triste à beira-rio, mas desta vez, lembrando o dia anterior. Já sabia que bastava esperar que a água iria limpar. Esperou novamente até que o rio voltasse a limpar. Estava ansioso, estava demorando muito. Sua pressa era visível, pois queria voltar a mergulhar naquelas águas que tanto gostava.

Cumprindo a sua natureza e as leis da física, o rio aos poucos foi ficando com as águas mais limpas. Então, José levantou os olhos e viu que o rio estava calmo, como no dia anterior, e com mais alguns peixinhos visíveis aos olhos.

Nas outras vezes que se sucederam, o menino usou o mesmo método, sempre dando uma mexida no rio para limpar suas águas. Conseguiu eliminar tanto a lama que começaram a aparecer a ponta de um barco, pneus, colchões, garrafas e outras sujeiras que as pessoas irresponsáveis jogavam e que poluíam o rio.

Aos poucos, ele foi tirando o entulho que encontrava, e foram surgindo novas espécies de peixe que ele nunca tinha visto naquele rio. Encontrou também várias pedrinhas coloridas que levou para enfeitar seu quarto. O barco já estava totalmente visível e cheio de ostras encravadas no seu casco. Ele já fazia parte do rio. Chamou os amigos e juntos conseguiram arrastar o pequeno barco até as margens. Perceberam que a lama e o rio conseguiram preservar o casco do barquinho. Então, resolveram em conjunto, recuperar o barco para poderem brincar de navegar. Rasparam as ostras e outros moluscos que estavam grudados no casco e, no dia seguinte, com um pouco de tinta que sobrara de uma obra em que o pai trabalhava como pedreiro, pintaram o pequeno barco. Brincaram a valer o dia inteiro.

Nos dias subsequentes, foi encontrando outras espécies de plantas, que estavam morrendo por causa de tanta lama.

A felicidade começou a tomar conta daquele simples menino que, com sua atitude de limpar o rio, veio acrescentar felicidade ao seu dia a dia. Não só estava resolvendo o problema do seu lazer, mas também estava contribuindo com a população ribeirinha, seus vizinhos... Passou a achar mais objetos interessantes no leito do rio e trocava por brinquedos e produtos que sua família tinha necessidade no mercado da cidade. O rio lhe ensinou muitas coisas.

Numa dessas idas ao mercado, ele resolveu fazer um novo caminho e avistou outro rio que cortava a cidade. Na sua margem estava um velho pescador. Notou que o bom homem quase não tinha pescado nada e, quando olhou para o rio, viu que ele estava cheio de lama. Então, se aproximou, olhou no fundo do olho do velho pescador, bateu em seu ombro e deu de presente seu bastão. Mas antes revirou o rio para mostrar como deveria fazer. Em seguida, continuou seu caminho.

Quando vasculhamos nossas coisas em nossas arrumações, reviramos um pouco nosso passado, e nossas lembranças vêm à tona. Isso nos obriga a refletir sobre como agimos em determinadas situações. Ao revirarmos tudo, como o menino José revirou o rio e acabou limpando sua água, encontramos muitas soluções para nossas vidas. E quando ficou feliz com o resultado, procurou passar sua experiência para outro que estava vivendo a mesma situação.

Quando a vida nos ensina alguma coisa boa, devemos passar adiante, pois a felicidade compartilhada é mais duradoura e reconfortante.

SEXO

Sei que esse assunto é muito vasto e delicado. Tenho que tomar cuidado com as coisas que vou dizer para não induzir as pessoas a tomar caminhos que venham a prejudicar sua felicidade.

Primeiramente, se temos um problema sexual devemos procurar um especialista para tentar descobrir se o problema é orgânico e se podemos resolvê-lo com algum tratamento médico. Caso não seja, talvez minhas teorias venham a ajudar de alguma forma.

O sexo é, sem dúvida, uma das coisas mais prazerosas que podemos experimentar em nossas vidas. Se não pensamos assim é porque alguma coisa está errada. Talvez não tenhamos encontrado o (a) parceiro (a) ideal. Às vezes, fazemos tantas exigências (haja controle de qualidade!) que nos esquecemos de olhar para nossos umbigos, nossas próprias imperfeições. Encare o momento como um prêmio, uma dádiva. Se não está conseguindo atingir o ápice desse delicioso prazer, encare-o, então, como um desafio.

A relação sexual tem componentes físicos e mentais; logo, temos que estar saudáveis e bem condicionados. Para extrair o melhor, você tem que ter dormido bem, se alimentado e desligado a cabeça dos problemas.

Estar com uma pessoa que te excite e, de preferência, que você ame é fundamental. A nossa mente participa ativamente do ato, portanto temos que nos preparar psicologicamente para este momento, esquecendo os problemas do cotidiano e nos concentrando nesse único desafio: praticar um sexo gostoso com a pessoa que escolhemos. Praticá-lo sem preconceitos, relaxado, realizando as fantasias da parceira ou parceiro. Separe um bom tempo, sem pressa, sem hora pra acabar, e desfrute desse imenso prazer.

Se o sexo não está sendo uma das coisas mais maravilhosas da vida para você, tente descobrir o porquê. Sem dúvida sua vida vai mudar de rumo, vai melhorar infinitamente. Imagine só você e seu parceiro entre quatro paredes ou mesmo ao ar livre ou em qualquer lugar que vocês quiserem sem precisar de dinheiro nem de nenhuma outra interferência conseguindo atingir um prazer infinito, um estado de graça, uma felicidade imensa durante um momento que pode durar horas e que pode se estender por dias. Isso, sem dúvida, é tudo na vida. As outras coisas passam a ser supérfluas. Uma pessoa bem resolvida sexualmente consegue desempenhar todas as suas outras funções na vida sem estresse.

Outra coisa, não existe idade para a prática do sexo. Você pode ter prazer em qualquer idade. A forma e a frequência podem mudar com o passar dos anos, mas o carinho e as carícias entre o homem e a mulher podem durar eternamente. O corpo pode envelhecer, a pele enrugar, mas a estética é discutível, e a beleza de uma relação amorosa pode superar qualquer obstáculo.

Estou com 62 anos e tenho alguns amigos que, como eu, seguem tudo que falei anteriormente. Posso afirmar que somos mais viris e mais felizes sexualmente que quando tínhamos 18 anos. Porque a diferença que faz a maior quantidade de hormônios quando somos mais jovens não suplanta a experiência, o relaxamento, o entendimento da importância de todos os detalhes que fazem do sexo um prazer maior e demorado. Quando jovens, estamos tão preocupados em demonstrar nossa virilidade que acabamos por comprometer nosso desempenho ficando nervosos na hora H.

Por essas e outras, quero lançar o desafio:

CONHEÇA MELHOR AS PESSOAS

Às vezes nos decepcionamos, mas na maioria das vezes, é porque não as conhecemos bem.

Não é muito fácil. Mesmo convivendo durante anos, em determinado momento, podemos nos surpreender ou nos decepcionar.

A personalidade determina a maioria das atitudes dos seres humanos ante as circunstâncias da vida e o quanto estas podem ser imprevisíveis sob pressão. Uma pessoa sob pressão intensa pode se tornar agressiva a ponto de agredir e até matar. Temos nosso lado animal. Um animal ferido age por instinto e perde o controle, às vezes, podendo até se tornar violento.

Deixando a violência de lado, vamos falar de caráter. Uma parte do caráter é determinada pela genética; a outra, pela educação, pela criação.

Uma pessoa educada em um lar de paz, provavelmente, vai ser uma pessoa equilibrada e fácil de lidar.

As pessoas são muito diferentes umas das outras. Mas a forma mais inteligente de começar a descobrir as diferenças é com muito diálogo.

O diálogo é o instrumento mais eficaz na relação humana, seja de qual tipo for, entre amantes, amigos, parentes, sócios, colegas de trabalho, conhecidos, etc.

Poucas pessoas têm a verdadeira consciência disso. Devemos conversar constantemente sobre as relações, abertamente, sem jogos ou subterfúgios, usando a sinceridade e a verdade como nossos cúmplices.

Todas as pessoas têm algo de bom para oferecer, cabe a você identificá-lo. Conhecendo melhor as pessoas, fica mais fácil o convívio.

Mas insisto, o diálogo é o grande segredo do bom relacionamento, qualquer que seja. O velho ditado: - "Conversando a gente se entende" - ainda permanece como um dos melhores conselhos...

Sempre que identificar um problema com uma pessoa de seu relacionamento, parta logo para a conversa. Fale o que te incomoda e discuta o assunto até resolver. Tudo que deixamos para depois pode virar mágoa ou outro sentimento negativo. Portanto, não hesite, converse o mais rápido possível sobre o assunto que te incomoda ou ao outro. Desarme-se, esclareça, resolva!

A PARÁBOLA E A VERDADE

As parábolas são verdades disfarçadas. Contamos historinhas figuradas para dizermos as verdades de forma indireta, sem que haja tanta resistência. Algumas contêm ensinamentos milenares e comprovadamente úteis.

Os seres humanos não gostam de encarar a VERDADE, nua e crua, sem adornos. Disfarçada é mais fácil de digerir.

Não importa de que forma, mas a verdade é sempre a melhor opção, mesmo que venha a ferir as pessoas. Na dúvida, sempre opte pela verdade.

A mentira e a omissão têm pernas curtas, e dá trabalho administrá-las...

Devemos respeitar a diferença entre as pessoas e aprender a valorizar o lado bom de cada uma.

BUSQUE SEMPRE A PAZ

A briga, as agressões físicas ou verbais, as discussões só levam ao desatino, ao seu sofrimento e dos outros. Devemos nos preparar para absorver, diluir e administrar todos os confrontos de maneira a preservar nossa paz interior. A harmonia entre os seres humanos deveria ser a grande meta do mundo.

O aquecimento global, a fome, as enfermidades, tudo isso poderia ser minimizado se houvesse harmonia entre as nações, os seres humanos e o meio ambiente. Não haveria guerra, se só discutíssemos com o intuito de preservação da espécie.

Se fizermos a nossa parte, se nos reeducarmos para buscar o entendimento e a paz nos conflitos, o mundo será melhor. E isso vale para tudo, para o relacionamento amoroso, profissional, familiar, etc. Alimente e pregue esse sentimento e você verá que, como num efeito dominó, ele contagiará os outros, que multiplicarão essa conduta.

Esse negócio de dizer que não adianta fazer nada, pois uma andorinha só não faz verão, é um pensamento derrotista e covarde. Acredito que uma andorinha, em algum momento, esteve sozinha antes de reunir várias para acompanhá-la. Portanto, temos que começar, muitas vezes sozinhos, a fazer as coisas nas quais acreditamos para atingir nossos objetivos e depois buscar parceiros.

Enquanto estivermos olhando para nossos umbigos, pensando em nosso país, em nosso espaço, em nossas coisas, em nosso bem-estar, e esquecendo aqueles que nos cercam, estaremos sendo egoístas. O egoísmo nos aproxima do inferno. Só se chega ao paraíso exercitando o amor, a você mesmo, ao próximo, a Deus, à natureza, sem barreiras.

Quando entendermos que somos seres humanos da mesma espécie e que estamos no mesmo barco (planeta), passaremos a nos respeitar.

E mais, não deixe que o que acontece a você interfira na qualidade do seu dia. Interiorize e memorize esse lema: “NADA TIRA A MINHA PAZ!”

LIVRE-SE DO MAU HUMOR

É engraçado, mas eu reconheço o mal-humorado pela expressão facial.

É lógico que as expressões mais repetidas acabam por prevalecer no rosto das pessoas.

Tem gente que não gosta de rir muito para não ficar com rugas do tipo pé de galinha. O que é um absurdo, pois existe coisa melhor que você conhecer uma pessoa com expressão sorridente? O sorriso ilumina. As rugas determinam a expressão mais usada pela pessoa. Os mais observadores conseguem identificar a maior parte da personalidade de uma pessoa apenas observando seu rosto.

O mal- humorado é sempre rejeitado, deixado de lado. As pessoas sempre querem distância de pessoas assim.

Todos nós temos problemas, mas se os enxergarmos sempre de maneira focalizada vamos viver de mal com a vida.

Para curar o mau humor, a receita é fazer a cada dia uma relação das coisas boas e ruins que aconteceram com a gente. Depois procurar valorizar as boas e tentar esquecer as ruins. Depois de um tempo, você começa a fazer isso automaticamente. As coisas boas passam a ter um valor tão maior que as ruins, que no final do dia passam a sobrar somente as boas.

Então, não espere mais, comece agora mesmo a mudar sua atitude, e que vença o bom humor!

Vença esse desafio, transforme-se na pessoa mais bem- humorada que você conhece e verá que o mundo cairá a seus pés. A felicidade baterá à sua porta. E os amigos também.

A IMPORTÂNCIA DA MÚSICA

A música sempre está presente na vida das pessoas de alguma forma. Desde os primórdios, o homem cantava e criava seus próprios instrumentos, até por necessidade de expressão. Ela é de vital importância para o mundo, esteve e está presente em momentos marcantes da história da humanidade e em quase todos os rituais. Cantar ou tocar um instrumento sempre foi uma forma de externar nossa alegria de viver.

Portanto, não se acanhe. Passe na loja especializada mais próxima e escolha o instrumento que sempre sonhou em tocar ou que admira a sonoridade. Compre e leve para casa o seu mais novo brinquedo, seu mais novo *hobby*, sua nova fonte de criatividade.

Bom, mas aí começam as dificuldades e também os desafios.

Se o instrumento que você escolheu só permite tocar uma nota de cada vez, tipo os de sopro - flauta, trompete, trombone -, tente tirar algum som soprando-o intuitivamente ou observando como algum músico faz. Pronto, você já toca o instrumento. Diríamos que de uma forma bem primitiva, muito mal, mas já toca.

No caso de instrumentos em que você consegue tocar várias notas ao mesmo tempo, isto é, podendo formar acordes, complica um pouco mais.

Há nas lojas de instrumentos musicais ou em bancas de jornal, revistas que ensinam como tocar diversas músicas do repertório popular em seu instrumento escolhido. Na internet também é fácil encontrar as cifras de sua música preferida.

Mãos à obra. Agora é só começar a aprender a tocar algumas músicas e formar seu primeiro repertório. Depois chame a família, os amigos, comece a mostrar o que consegue tocar. Quando ficar mais animadinho e empolgado, pode ter a vontade de se aperfeiçoar e estudar em uma escola de música.

Quem sabe vir a se tornar um profissional? Ou não, mas continue tocando e/ou cantando que vai ser muito bom para sua mente. A música eleva o pensamento, aproxima as pessoas, estimula a criatividade e diverte bastante.

Dizem que os músicos, cantores, artistas em geral, demoram mais a envelhecer.

Por que seria?

Descubra você mesmo a resposta!

Comece hoje, não deixe o tempo passar, corra para a loja e compre o instrumento pelo qual você se apaixonou à primeira vista e comece a tocar, tocar, tocar e tocar. Você vai aumentar o seu rol de amizades.

Pergunto:

Já esteve no meio de uma bateria de escola de samba?

Já esteve no meio de um ensaio de uma sinfônica?

Já esteve no meio de uma banda de *rock*?

Essa sensação, com certeza, será emocionante e inesquecível.

Pense nisso.

DESAFIOS:

- DIALOGUE SEMPRE E AGORA;

- AJUDE AO PRÓXIMO SEM ESPERAR RETRIBUIÇÃO;

- CONSOLIDE AS RELAÇÕES;

- AME AO PRÓXIMO;

- NUNCA MAIS BRIGUE COM NINGUÉM;

- EXERCITE O AUTOCONTROLE;

- TRANSFORME-SE NA PESSOA MAIS BEM-HUMORADA QUE VOCÊ CONHECE;

- PRATIQUE SEXO COM FREQUÊNCIA, ATÉ O FIM DOS DIAS;

- ARRUME OS ARMÁRIOS E GAVETAS DA SUA CASA E DA SUA MENTE;

- COMPRE UM INSTRUMENTO MUSICAL AGORA.

CAPÍTULO

3

DINHEIRO

Transforme o problema de dinheiro em desafio

"Pra que dinheiro se ela não me dá bola", diz a música.

É, o dinheiro só faz sentido quando tem uma função benéfica.

Quando não se tem, falta a comida, falta pagar as contas, falta a diversão e acaba faltando quase tudo. Mas de que adianta ter muito dinheiro e não ter saúde, não ter paz?

Quando se tem muito, vem a preocupação de preservá-lo. O amor ao dinheiro é um dos grandes males da humanidade.

Já tive oportunidade de trabalhar, conhecer e de ter amigos ricos. Posso afirmar que a maioria está infeliz e que tem muitas dificuldades, como, por exemplo:

A maioria das pessoas que se aproximam é por interesse.

Falta tempo para gastar o dinheiro.

Começam a faltar os projetos e conquistas, pois quase tudo está ao alcance das mãos.

Carro blindado, seguranças em volta, possibilidade de sequestro.

Tais pessoas têm dinheiro, para comprar uma Ferrari, mas têm que mantê-la na garagem COM MEDO.

E a vergonha de parar em um farol com um carro que custou mais de R$ 500.000,00 e ver uma criança seminua na chuva pedindo esmola?

Qual a medida certa, ninguém sabe. O fato é que numa sociedade capitalista precisamos do dinheiro para sobreviver. Mas devemos tomar muito cuidado para não o idolatrarmos, não virarmos escravos dele.

Já conheci tantas pessoas consideradas pobres, porém muito mais felizes do que muitos desses ricos.

Devemos buscar a felicidade nas coisas simples da vida.

Estar com a família.

Estar com os amigos.

Contato com a natureza.

Contato com os animais.

Durante uma fase da minha vida, apaixonei-me por uma cidadezinha do interior do Paraná. Viajava para lá quase todo fim de semana. Só gastava com o meu transporte. Depois não conseguia mais enfiar a mão no bolso. Lá fiz muitos amigos que moram no meu coração. No interior, as pessoas têm um prazer enorme em te receber.

Era disputado pelas famílias que insistiam que eu me hospedasse, ora na casa de um, ora na casa de outro. Andava a cavalo quase o dia todo. Tomava banho de rio. Em mais de 10 cachoeiras, eu já havia me banhado. Às vezes nem saltava do cavalo para pegar uma laranja, maçã ou manga e seguia cavalgando e saboreando as frutas maravilhosas.

Curiosidade:

Muitas vezes cheguei a esta cidade por volta das 18h e não encontrava ninguém andando pelas ruas.

Estavam todas em cima dos morros admirando o pôr do sol. Dá pra acreditar?

Lição de vida! Um povo pobre, mas feliz.

Isso é que é descobrir a felicidade com as coisas simples da vida.

É uma felicidade poder observar e desfrutar da beleza da natureza. As cidades grandes nos privam desse privilégio. Quantos dias se passam numa cidade grande e sequer olhamos para o céu?

Poder tomar banho de rio em águas límpidas e sem cloro já é um privilégio. Comer frutas frescas colhidas na hora, do pé... Hum...

Muitas vezes, fazíamos caminhadas noturnas até uma clareira em uma estradinha de terra e nos deitávamos de barriga pra cima para ver um *show* de estrelas cadentes. É isso mesmo. Quando se olha para o céu em um lugar onde não há interferência de luzes externas, onde a escuridão é total, podemos enxergar um número muito maior de estrelas e, naturalmente, muitas cadentes. Todos nós fazíamos muitos pedidos. Que alegria simples. Íamos dormir muito felizes.

Cavalgávamos até um rio e passávamos o dia por ali. Nadando, descendo a corredeira com boia, pescando, mergulhando do topo da cachoeira, banhando os cavalos, e, quando pintava a fome, fazíamos o peixe pescado no bafo. Uma técnica dos índios de assar o peixe na brasa abafado por folhas de bananeira.

Bebíamos a própria água do rio, e, de sobremesa, era só escolher as frutas colhidas direto do pé.

Então, depois dessa história verdadeira, podemos fazer um cálculo de quanto dinheiro precisamos para sermos felizes.

Muito pouco, tenham a certeza.

Mas trabalhar é preciso, engrandece o homem. É preciso concretizar nossos projetos de vida. Se trabalharmos naquilo que gostamos, o dinheiro vem a reboque.

É preciso também fazer o bem, nos preocuparmos com o bem do próximo.

Eu adoro motocicleta; então, vou contar uma piadinha de motociclista:

Um cara morreu. Chegando à porta do Céu, encontrou São Pedro sério e preocupado, que o indagou:

— O Senhor acha que é fácil entrar no Céu?

— Estou vendo o seu livro da vida, e, apesar do Senhor não ter feito mal a ninguém, também não fez nenhum bem.

O cara ficou nervoso, trêmulo, com medo de não poder entrar no Céu, e respondeu:

— Não, não, não, eu fiz o bem sim, senhor.

— Estranho, pois não consta no seu livro da vida.

— Vou contar:

— Eu estava dirigindo por uma estrada deserta e enxerguei ao longe uma mocinha, sozinha, com problemas com o carro enguiçado.

— Estava chegando, quando estacionaram perto dela cinco motociclistas mal-encarados. Eles estavam com cara de mal-intencionados. Então avancei mais alguns metros e estacionei meu carro. Procurei a chave de rodas no porta-malas e me encaminhei em direção aos motociclistas. Analisei rapidamente as figuras e escolhi o que me parecia ser o líder e quebrei-lhe o crânio com a chave de rodas. Virei-me para os demais e ameacei: ninguém vai fazer mal à moça, quem vai ser o próximo?

— Então o Senhor salvou a moça? - perguntou São Pedro

— É, é, eu fiz um bem, viu!

— Estranho não constar nada no seu livro da vida.

— Há quanto tempo aconteceu isso?

— Bem, fazem mais ou menos uns 5 minutos!

Muitas vezes nos deparamos com algum problema comum, como um buraco na rua, uma pessoa em dificuldades com a troca de pneu do carro, um cego ou uma idosa tentando atravessar a rua. Enfim, podemos ajudar colocando uma tábua no buraco para que ninguém se machuque, ajudando na troca do pneu, auxiliando o cego e a idosa a atravessarem a rua.

O mundo está tão materialista que se desumanizou. Não precisamos de muito dinheiro para sermos felizes, nem para ajudarmos os outros.

EMPREGO

Já perdi o emprego algumas vezes. Numa dessas, me vi num beco sem saída. Nesse momento é que devemos pensar na vida como um jogo, analisar todas as possibilidades. Cada movimento que fazemos é fator decisivo no resultado. Mas se perdemos, terá sido apenas um jogo, um desafio que não tínhamos a obrigação de vencer. Encare assim, é mais fácil e menos sofrido. Somos seres humanos, cheios de erros e acertos. Se não deu certo desta vez, tente de novo, parta para um novo desafio, crie seu próprio emprego, abra um negócio.

Nesses momentos difíceis temos a tendência de nos menosprezar, de achar que não temos capacidade para isso ou aquilo. Nada disso! Levante a cabeça, olhe para o lado e enxergue o quanto sua situação é melhor que a de muitos que o rodeiam. Dê uma pausa, respire, mas não fique parado, siga em frente. Descubra como as pessoas com conhecimento e capacidade inferior a sua estão empregadas e se dando bem na vida. Faça uma autocrítica. Quase sempre esbarramos com os temas talento, simpatia, estrela, sorte e outros. Mas uma coisa é certa: se você usar a prática do capítulo 3 deste livro e passar a se relacionar bem com as pessoas, vai se tornar uma pessoa agradável e, se desenvolver seus talentos, a sorte e a estrela virão a reboque. Descubra qual é seu ponto forte. O talento nada mais é do que aquela aptidão especial que você tem. E se você souber aproveitá-lo, certamente terá sucesso.

Devemos procurar emprego de cabeça erguida, confiantes das nossas capacidades. Não estamos pedindo favor ou esmola, estamos oferecendo nossos serviços para quem os procura. Concentre-se em descobrir quem ou qual empresa precisa das suas aptidões. No mundo moderno, a Internet é uma grande ferramenta para quem procura uma (re) colocação no mercado. Pulverize seu currículo em todos os *sites* de ofertas de emprego. Fale com todos os amigos e parentes. A comunicação nesse momento é fundamental. É como se você estivesse fazendo uma campanha publicitária para vender o produto mais importante: você. A propaganda é a alma do negócio em todas as alternativas. Todos ao seu alcance precisam ter conhecimento do seu currículo e de que você está procurando um emprego.

E os concursos? Anualmente, milhares de vagas são disponibilizadas para quem quer ter estabilidade profissional.

As oportunidades estão aí. O que está esperando para começar?

Quando você analisa o talento de uma pessoa para isso ou aquilo, precisa perguntar quanto ela gosta de desempenhar aquela atividade e quanto tempo exercitou-se até obter o melhor rendimento. Vai se surpreender e concluir que você também pode ter um talento escondido dentro de você. Qual é o seu? Já pensou que um *hobby* despretensioso pode ser na verdade sua verdadeira vocação? O talento não está só nas artes. Você pode ter talento para vendas, para atendimento, para ser cientista, he he he. Enfim, em qualquer setor da vida podemos descobrir qual é o nosso talento e explorá-lo. Isso fará com que seja reconhecido e valorizado perante sua concorrência. Antes de procurar um novo emprego, descubra dentro de você o que realmente te dá prazer em fazer. Só com prazer podemos fazer as coisas benfeitas e sermos reconhecidos por isso.

GANHANDO UM BOM DINHEIRO

Vou contar dois casos em que ganhei um bom dinheiro. Acho importante contar minhas histórias reais, além das parábolas, para que você observe como eu usei as minhas técnicas de desafio, perseverança, de buscar o estímulo, usar o sentimento e a emoção para conquistar os objetivos traçados.

A vez que mais ganhei dinheiro na vida numa tacada só foi com um negócio que não tem nada a ver com a minha profissão.

Era diretor musical e de projetos especiais de uma empresa produtora de eventos e filmes publicitários. Essa empresa sempre precisava alugar grandes espaços para realizar seus eventos e, muitas vezes, se deparava com problemas de agendamento desses lugares. Então comecei a procurar algum lugar diferenciado que pudesse abrigar essas festas.

A empresa tinha um refeitório que dava para uma fábrica de borracha que ocupava quase um quarteirão de um bairro da zona sul de São Paulo. Como um lugar tão nobre abrigava uma fábrica de borracha? Achei estranho e fui à luta para descobrir. Primeiramente, perguntei para o gerente do banco que ficava na esquina da fábrica. Ele me disse que o dono era problemático e que o banco e todo o mercado imobiliário já haviam tentado negociar com essa pessoa durante 16 anos sem obter resultados, que eu esquecesse esse assunto, pois seria impossível qualquer negócio.

Bem, aí é que a coisa esquentou, tomei aquilo como um desafio e fui à luta.

Um conselho: toda vez que tiver uma primeira reunião com uma pessoa, quem quer que seja, comece falando de amenidades, da vida, tente descobrir como ela é, antes de falar sobre o assunto da reunião.

Consegui marcar uma reunião com o dono da fábrica e descobri várias coisas: a fábrica era herança do pai, ele era uma pessoa sensível, mexia com a energia dos cristais e com sinergia. Ele tinha descoberto com uma forquilha um poço artesiano no terreno da indústria e não pagava conta de água desde então. A princípio não falei das minhas intenções, dei a desculpa de que era vizinho e que tinha me interessado em conhecer a fábrica. Fui pensativo para casa e ficou claro para mim o motivo pelo qual um banqueiro e profissionais do mercado imobiliário não tinham conseguido nada. Ele era uma pessoa sensível, o dinheiro tinha uma importância secundária na vida dele. Não tinha o menor perfil de um industrial, muito pelo contrário, aquilo fazia mal para ele, e a fábrica estava indo para o buraco em virtude disto.

Então, contratei dois arquitetos e fizemos um projeto que aglutinava: um prédio de escritórios, um flat, um centro de eventos com espaços livres e um grande teatro. O projeto tinha até maquete.

Parti para uma segunda reunião. Antes de mostrar o projeto, falei o quanto era importante para ele estar em convívio com artistas, que são pessoas tão sensíveis quanto ele. Mostrei o projeto e falei que ele dirigiria o teatro, iria ter contato quase que diário com artistas, teria uma função muito mais prazerosa do que administrar uma fábrica de borracha e que ainda resolveria todos os problemas financeiros pelos quais estava passando.

ELE TOPOU!!! (Uh Huuuuuuuu!)

Bem, aí faltava eu arranjar o dinheiro para construir tudo isso.

Na capa da semana de uma revista famosa estava a foto do dono da construtora eleita construtora do ano. Liguei e mandei chamar o diretor de *marketing*.

Contei toda história, e ele disse para mim: "Estou indo para aí agora". Mostrei o projeto, propus uma incorporação e cobrei, pela intermediação do negócio, 5% do valor do empreendimento.

ELE TOPOU TAMBÉM!!! (Bingo!)

Não só consegui vencer um desafio considerado praticamente impossível, como ganhei uma boa grana.

Se partirmos do pressuposto de que algo é impossível, eliminaremos antecipadamente muitos desafios. Deixaremos de tentar realizar projetos que, possivelmente, seriam realizáveis.

Portanto, acredite nos seus projetos, vá adiante, seja perseverante.

SEGUNDO CASO

Tinha na época uma agência de propaganda pequena e buscava novas contas.

Estava querendo uma conta ligada ao ensino.

Já tinha feito alguns *shows* para uma instituição e conhecia o dono superficialmente. Ela era, na época, a maior instituição particular de ensino do mundo, e, coincidentemente, como no caso anterior, durante 16 anos todas as agências já haviam tentado conquistar sua conta publicitária sem êxito.

Primeiramente, procurei conhecer o perfil do dono, perguntando para fornecedores, amigos, jornalistas que o haviam entrevistado, etc.

Como um homem do ensino, sem ter estudado propaganda e *marketing*, criou seus próprios anúncios, conseguiu transformar sua empresa na maior do mundo.

É, ele realmente tinha vencido um grande desafio e, com certeza, tinha usado algumas estratégias que aprendi durante a vida.

Concluí então porque as agências não tinham conseguido nada. Não se pode querer ensinar *marketing* para quem já nasceu com o *feeling* da comunicação, com quem, sem ajuda de um profissional da área, galgou tantos degraus.

Pronto, estava traçada a estratégia. Eu fui oferecer, humildemente, minha ajuda para organizar a comunicação da escola, parabenizando-o por tudo que ele havia conseguido e pelos filmes que criou.

ELE TOPOU!!! EU CONQUISTEI A CONTA!

Soube, posteriormente, que todas as agências levavam sempre criações de campanhas que consideravam maravilhosas e talvez até melhores do que as que haviam sido feitas, mas não era essa a estratégia certa.

PARA QUEM ESTÁ INSATISFEITO NO EMPREGO

Muitas pessoas estão insatisfeitas no emprego. Os motivos são muitos... Se este é o seu caso, se você não gosta do que faz, pense bem se não está na hora de mudar. Conselho: procure emprego, empregado! Isso o valorizará perante o mercado e seu futuro empregador.

Não existe emprego sem problemas/desafios. Portanto, trocar de emprego é trocar de desafios.

Se você está meio acomodado, sem perspectivas, vou contar uma parábola:

Uma vez um sábio disse para seu discípulo: vamos dar um passeio. Viajaram para o interior e, numa estradinha de terra, no meio do nada, em cima do morro, avistaram uma cabra e, lá embaixo, uma casinha de sapê onde morava uma família. O sábio mandou que o discípulo empurrasse a cabra morro abaixo. Ele ficou indignado, argumentando que aquele animal, com certeza, era o sustento daquela família. Mas o sábio ordenou novamente, e o discípulo obedeceu. Então, desceram o morro e foram visitar a tal família. Chegando no quintal, encontraram um menininho com uns três anos de idade, todo sujo, com pouca roupa e descalço. Foram convidados a entrar na casa onde estavam o pai, a mãe e outros dois irmãos. Indagados pelo sábio como se sustentavam, o pai, chefe da família, disse que era com da venda do leite da cabra que ficava em cima do morro que conseguiam sobreviver. Tiravam leite diariamente e faziam queijo também para venda na cidade próxima. E assim viviam há anos. O discípulo ouvia a história e olhava indignado para o sábio. Bom, o sábio se despediu de todos e seguiu viagem com o seu discípulo.

Um ano depois, voltaram ao mesmo lugar. Logo na estradinha encontraram o mesmo menino todo vestidinho com roupas novas e sapatinhos. A casa estava reformada com tijolos e pintada. Só encontraram a mulher lavando roupa. Indagada pelo sábio sobre o que acontecera, ela lhe contou que, no dia em foram visitados por ele, a cabra caiu do morro e morreu. A família perdeu sua única fonte de renda. Então, o marido procurou emprego na cidade, ela começou a lavar roupa para fora, e os filhos mais velhos também foram trabalhar. E assim a família prosperou.

Não devemos nos acomodar a determinadas situações, mas procurar novos desafios, novos projetos. Só assim podemos prosperar e sermos felizes. Meu lema é aposentar-se, sim; parar de trabalhar, nunca! Tenho observado, ao longo da minha vida, que a maioria das pessoas que se aposentam e param de trabalhar ficam sem objetivos, projetos para o futuro, e é exatamente neste momento que a vida fica sem graça... Como diz o velho ditado, "cabeça vazia é oficina do diabo", e, nesse ambiente, começam a surgir pensamentos negativos, e as doenças fazem a festa. Não permita que isso aconteça com você. Não deixe seu corpo e seu cérebro inativos, ociosos, pois eles enferrujarão, envelhecerão.

Já pensou em fazer um trabalho voluntário? Por que não? A solidariedade, às vezes, é mais benéfica a nós mesmos do que àqueles que realmente precisam dela. Ajude alguém com um sorriso, uma palavra, um gesto, um carinho, qualquer coisa.

Levante-se agora mesmo, pense em algo que te faça se sentir útil, produtivo, e não perca tempo! Garanto que não se arrependerá.

DESAFIOS:

- FICAR FELIZ SEM GASTAR UM CENTAVO SEQUER E AJUDAR ALGUÉM PELO MENOS UMA VEZ POR DIA;

- TRABALHAR NO QUE GOSTA E BUSCAR SEMPRE NOVOS DESAFIOS;

- APOSENTAR-SE, SIM; PARAR DE TRABALHAR NUNCA!

CAPÍTULO

4

MEDOS E FOBIAS

Transforme o problema dos medos e fobias em desafio

Você tem ideia do número de fobias que existem? Só por curiosidade, dê uma olhada nas que encontrei na Wikipédia[3] e que começam com a letra A. Aí vai...

Abissofobia - medo de abismos, precipícios;
Ablepsifobia - medo de ficar cego;
Ablutofobia - medo de tomar banho;
Acarofobia - medo de ter a pele infestada por pequenos organismos (ácaros);
Acerofobia - medo de produtos ácidos;
Acluofobia - medo ou horror exagerado à escuridão;
Acrofobia - medo de altura;
Acusticofobia - medo relacionado aos ruídos de alta intensidade;
Aeroacrofobia - medo de lugar aberto e alto;
Aerodromofobia - medo de viagens aéreas;
Aerofobia - medo de ventos, de engolir ar ou aspirar substâncias tóxicas;
Aeronausifobia - medo de vomitar (quando viaja de avião);
Afobia - medo da falta de fobias;
Agliofobia - medo de sentir dor. Sinônimo de algofobia;
Afefobia - medo de ser tocado;
Agorafobia - medo de lugares abertos, de estar na multidão, lugares públicos ou deixar lugar seguro;
Agrafobia - medo de abuso sexual;
Agrizoofobia - medo de animais selvagens;
Agirofobia - medo de ruas ou cruzamento de ruas;
Aicmofobia - medo de agulhas de injeção ou objetos pontudos;
Ailurofobia - medo de gatos. Sinônimo de galeofobia ou gatofobia;

[3] (Wikipédia, a Enciclopédia Livre) http://pt.wikipedia.org/wiki/anexo:lista_de_fobias

Aletrorofobia - medo de galinhas. Sinônimo de ornitofobia;
Algofobia - medo de dor. Sinônimo de agliofobia;
Amatofobia - medo de poeiras;
Amaxofobia - medo mórbido de se encontrar ou viajar dentro de qualquer veículo de transporte;
Ambulofobia - medo de andar;
Amnesifobia - medo de perder a memória;
Ancraofobia ou Anemofobia - medo de correntes de ar;
Androfobia - medo de homens;
Anatidaefobia - medo de ser observado por patos;
Anemofobia - medo de ventos;
Anginofobia - medo de engasgar;
Antofobia - medo de flores;
Antropofobia - medo de pessoas ou da sociedade;
Antlofobia - medo de enchentes;
Anuptafobia - medo de ficar solteiro(a);
Apifobia - medo de abelhas;
Aracnefobia ou Aracnofobia - medo de aranhas;
Astenofobia - medo de desmaiar ou ter fraqueza;
Astrofobia ou astrapofobia - medo de trovões e relâmpagos;
Ataxofobia - medo de desordem;
Autofobia - medo de si mesmo ou de ficar sozinho. Sinônimo de Monofobia e Isolofobia;
Automatonofobia - medo de bonecos de ventríloquo, criaturas animatrônicas, estátuas de cera (qualquer coisa que represente falsamente um ser sensível);
Azinofobia - medo de ser agredido pelos pais.

Tá cansado? Eu também... Rsrsrsrsr...

Só por aqui você pode imaginar a quantidade de fobias que podemos desenvolver.

Medo é a palavra-chave.

Fobia é um medo excessivo e desproporcional à ameaça e que proporciona um desconforto físico, gerando o aparecimento de sintomas como taquicardia, tontura, etc.

Alguns neurocientistas acreditam que fatores biológicos estejam diretamente associados. Foram detectados um aumento do fluxo sanguíneo e aceleração do metabolismo no lado direito do cérebro de pacientes fóbicos. Em um estudo com gêmeos idênticos criados separadamente, notou-se que ambos desenvolveram o mesmo tipo de fobia.

As fobias podem ser desencadeadas por um acidente, por um incidente ou mesmo por algo sem motivo consciente. No caso de um episódio traumático, a memória sensorial é ativada e registra tudo. Uma vez disparado o "gatilho", o organismo tende a repetir de forma automática as reações já vivenciadas. Tanto é assim que uma pessoa que sofre um acidente grave normalmente desenvolve fobia de dirigir, de ser transportada ou de passar mal e não ser socorrida, dependendo do caso.

Outro tipo de fobia comum é a relativa a determinados animais. Os seres humanos nascem preparados biologicamente para adquirir medo de certos animais, como ratos, aranhas, cobras ou daqueles de aparência asquerosa como baratas, lesmas, lagartixas, sapos. A provável explicação é que esses temores foram importantes para a sobrevivência da espécie humana há milênios, e, ao que parece, trazemos essa informação adormecida, mas que pode ser despertada a qualquer momento.

Ao vivenciarmos situações de perigo, em que nos vemos sem condições de nos proteger, a sensação de impotência nos causa um medo incontrolável, como nas hipóteses de ocorrer uma tempestade, um terremoto ou o ataque de um bandido ou animal. Esse sentimento fica gravado em nosso inconsciente e, uma vez ativado por situações semelhantes, tende a reproduzir as mesmas reações. A única maneira de modificar isso é alterar o condicionamento.

Se formos destemidos, se soubermos exercitar o autocontrole, fica mais fácil nos livrarmos das fobias.

Todos os nossos medos estão ligados a um maior:

O MEDO DA MORTE!

E o medo da morte está ligado ao medo do desconhecido. Não temos certeza do que vai acontecer depois.

O que é o desconhecido? É o novo, aquilo que não temos a menor noção do que seja, não é necessariamente um perigo. O desconhecido pode ser nada, pode não ser ruim, pode ser gostoso.

A morte é certa (ou nem tanto, como você lerá adiante em VAMOS DESAFIAR A MORTE), e a maioria das pessoas tem consciência disto. Mas não podemos passar a vida pensando nisto, senão viver se tornará um tormento.

O grande desafio é nos transformarmos em aventureiros destemidos do amanhã e do desconhecido, só assim venceremos nossos medos.

Para isso mude seu comportamento, acostume-se a encarar a vida de outra forma, faça coisas diferentes. Vá a lugares novos. Viaje sem destino, sem horários, rumo ao desconhecido. Aventure-se em novos projetos profissionais, novos amores. Ouse mais. Seja feliz. Você vai se divertir.

A palavra de ordem é:

"**RUMO AO DESCONHECIDO**!"

Vencendo esse medo você vencerá todos os outros.

SOLIDÃO

Muitas vezes gostaríamos de estar ou ficar sozinhos e estamos acompanhados, mas quando ficamos sós, nos vemos carentes de calor humano. Somos eternos insatisfeitos. Quando estamos casados, pensamos em como era boa a liberdade da vida de solteiro, e, quando estamos solteiros, pensamos em como deve ser bom encontrar a cara metade, alguém que se preocupe conosco. A verdade é que ser feliz não depende de estarmos acompanhados ou não. Ser feliz é um estado de espírito. Não depende de sermos ricos ou pobres, novos ou velhos, casados ou solteiros.

Podemos ficar sós de diversas maneiras e continuarmos felizes, se gostarmos de nós mesmos, este é o princípio. As pessoas que se gostam não sentem solidão, elas podem ficar sós e curtirem esses momentos. Solidão não é sinônimo de tristeza.

Se tivermos projetos e trabalharmos naquilo que gostamos; se tivermos sonhos e acreditarmos neles; se nos relacionarmos com as pessoas que amamos, de coração aberto, sem querer nada em troca, certamente, encontraremos a felicidade. Para isso, temos que nos exercitar, procurar enxergar as coisas boas que acontecem e desprezar as ruins. Assim, no balanço do dia, vai sobrar alegria.

ANGÚSTIA

Por que as pessoas vivem sofrendo? Por que as pessoas vivem brigando, nervosas, preocupadas?

É porque, normalmente, não aceitam como vieram ao mundo e estão insatisfeitas com a maneira como estão vivendo.

Por que as pessoas não enxergam as coisas boas da vida?

Lembra da historinha do Patinho Feio?

O patinho se considerava muito feio só porque era diferente dos outros. Ele ficou tão infeliz que abandonou sua família e foi embora viver sozinho em outro lago. Um dia, quando ele olhou para seu reflexo na água, percebeu que era, na verdade, um maravilhoso cisne. E, assim, passou a se valorizar e viveu feliz para sempre.

Quantos ensinamentos importantes para nossas vidas estão contidos em historinhas infantis. Perdemos muito tempo querendo ser "patos" para sermos aceitos. Ninguém é igual. Se aceitarmos nossa natureza diferente, seremos mais felizes.

É só a gente perceber que é cisne. Sei que não é fácil encontrar nosso espelho.

Quando a gente para de querer ser quem não é e se aceita, fica mais fácil ser feliz.

Temos que exercer a humildade e procurar ajuda, se for necessário. Há tantos tipos de terapia disponíveis. O autoconhecimento é tão importante que deveria ser ensinado nas escolas.

Somos seres maravilhosamente criados e com muitos méritos. Já pensou que só tem um exemplar de você no planeta? Você é único, especial. Valorize-se! Mesmo aqueles que são gêmeos são diferentes. Você sabia... que não existem impressões digitais iguais? Que a voz de cada pessoa é única? Que a retina de cada pessoa é diferente? Pois é... E mais, pare de querer ser perfeito, pare de se cobrar tanto, faça o possível. Se você se amar, transmitirá mais alegria e estará cercado de amigos e amores.

QUANTO VALE?

Quanto vale uma nota de cem reais?

Depois que eu amassá-la, quanto vale?

E se eu pisá-la e esfregá-la no chão?

Não importa o que eu faça com o dinheiro, vocês continuarão a querer essa nota, porque ela não perde o valor.

Esta situação também acontece conosco. Muitas vezes, em nossas vidas, somos amassados, pisoteados nos sentimos no chão, sem valor. Mas, amassados ou inteiros, sujos ou limpos, altos ou baixos, magros ou gordos, nada importa! O preço de nossas vidas não se mede pelo modo que aparentamos estar, mas pelo que somos em nossa essência.

Faça um teste:

1 - Nomeie os cinco últimos campeões da Fórmula 1;

2 - Nomeie os cinco últimos vencedores do Prêmio Nobel da Paz;

3- Nomeie os cinco últimos vencedores do Oscar, na categoria de melhor diretor.

Então, difícil de lembrar?

Os aplausos e os troféus vão embora, e os vencedores ficam esquecidos!

Agora:

1 - Nomeie cinco pessoas da sua família que você ama;
2 - Nomeie cinco amigos que já te ajudaram nos momentos difíceis;
3 - Nomeie cinco pessoas que te fizeram feliz.

Bem melhor, né?

As pessoas que marcam são aquelas que amamos e não as que têm as melhores credenciais, mais dinheiro ou são vencedoras dos melhores prêmios... São aquelas que se preocupam conosco, que cuidam de nós, que estão ao nosso lado.

ENCARAR O PÚBLICO

A maioria das pessoas, em algum momento da vida, precisa falar em público. Seja no trabalho oral da escola, da faculdade, em uma reunião de trabalho, em uma palestra, em uma reunião de condomínio, etc.

Os artistas, os políticos, os professores, os gerentes ou diretores de empresas, os religiosos, os supervisores, passam por isso constantemente. Convivem com a insegurança de encarar o público e de estar sempre expostos aos julgamentos imediatos dos ouvintes.

Muitos já superaram seus medos e convivem com isso de forma natural.

Há alguns anos, conversando no camarim com um artista famoso, que tomava suas doses de uísque antes de entrar no palco, ele me disse que mesmo depois de tantos anos ainda fica nervoso e, por isso, bebia para relaxar.

Como tudo na vida, quando não encaramos o problema, buscamos um meio de fuga e podemos cair na armadilha de nos envolvermos com as drogas, lícitas ou ilícitas. A droga, por alterar o nível de consciência, entorpece e facilita, ainda que temporariamente, o convívio com as adversidades da vida. Sabe aquela dose de uísque diária depois do trabalho? Ou aquele calmante de cabeceira? Ou mesmo aquela necessidade compulsiva de trabalhar sem parar? (o chamado *workholic*) Fuga!!!!

Por isso, nada de adotar a tática do avestruz e enfiar a cabeça na terra... Insisto para que transforme seus problemas em desafios, encare-os sabendo que há soluções inteligentes para resolvê-los.

Se você tem medo de encarar o público, leia a respeito, faça um curso de oratória, treine na frente do espelho, descubra uma técnica, mas não desista.

Eu também demorei a me acostumar e a vencer esses medos.

Vivi durante 15 anos da minha vida fazendo de 150 a 200 *shows* por ano e tive que conviver com esse momento que antecede a entrada no palco e encarar o público muitas vezes. Hoje, faço *shows* para grandes públicos e *workshops* para pequenos grupos numa boa.

Observei os apresentadores de maior sucesso da televisão e percebi que eles estão sempre à vontade, falam o que vem a cabeça, mesmo que errem, improvisam e vão em frente.

Esse é o grande segredo ou a grande técnica, devemos ser nós mesmos e conversar à vontade com o público, como se estivéssemos em uma roda de amigos ou em casa com a família. Pode ter certeza de que eles vão te aceitar mais facilmente e de que vão prestar a atenção em tudo que você falar.

O humor é fundamental. Um sorriso é capaz de quebrar várias barreiras. Minha mulher uma vez não acreditou, mas viu acontecer.

Eu consegui contornar uma tentativa de assalto com um sorriso sincero para os assaltantes. Eles ficaram tão desconcertados que sorriram pra mim também e desistiram do assalto.

Então, entre no palco sorrindo. Se tiver microfone, fale no seu tom de voz e volume, passe sua mensagem de uma forma descontraída, com seu jeito de falar. Se não tiver microfone, só aumente um pouco o volume da voz.

As coisas são simples se as encaramos assim. Quando damos demasiada importância a algo, temos a tendência de criar expectativas e sentir medo. O que devemos é nos preparar para aquele momento. Ensaiar a música, decorar o texto, estudar o tema da palestra. Uma vez preparado, relaxe! Se alguma coisa sair diferente do que você imaginou, improvise, mas seja sincero, seja você. Quantas pessoas simples, às vezes sem instrução, se destacam na política ou na carreira artística? É porque se comportam sem disfarce, sendo o que são, independentemente do que é politicamente correto...

Depois que acreditar em uma técnica, transforme-a em desafio e vá à luta, aplique-a. Quanto maior o público, melhor você se sentirá.

VAMOS DESAFIAR A MORTE?

É, isso já é quase possível. Não se preocupem os religiosos mais ferrenhos, pois se conseguirmos manter saudável por mais tempo o corpo maravilhoso que Deus nos deu, ele só pode ficar feliz.

Nascer, crescer, reproduzir, envelhecer e morrer. Esse ciclo de vida pode mudar. A ciência está trabalhando cada vez mais rápido para que ninguém morra mais de velhice. Por enquanto a expectativa de vida aumentou, mas isso tende a se ampliar a tal ponto que só se morrerá em casos extremos.

Existem alguns animais que são quase imortais, tais como uma espécie de água-viva, a *Turritopsis dohrnii*, que só morre se for ferida gravemente. Suas células se mantêm em um ciclo de renovação indefinido. Da mesma forma, vivem um peixe do Pacífico, conhecido como *rockfish*, e duas espécies de tartaruga, ambas da América do Norte, que têm o chamado envelhecimento desprezível. Suas células permanecem jovens, não se sabe como.

Nossa máquina vai pifando gradativamente, como um carro velho vai dando vários defeitos. Mas a ciência vem descobrindo como fazer uma reposição de peças, como fazer uma manutenção preventiva mais eficaz e manter todas as nossas funções em alto grau de eficiência. Quantos carros antigos circulam por aí em ótimo estado de conservação? Isso é possível porque todas as peças que estavam desgastadas foram substituídas e/ou recuperadas. Num futuro próximo o ser humano vai poder fazer suas revisões periódicas aos 20, aos 30, aos 40, substituindo órgãos como se fossem peças, repondo hormônios ou células como se completássemos o óleo de nossos carros.

Já são criados determinados órgãos em laboratório usando-se as células-tronco. Bexigas já estão sendo produzidas assim nos EUA. Injeções de células-tronco poderão virar tratamento de rotina em consultórios.

Conseguiremos repor tudo que estiver gasto no corpo. A perda das células que gera a calvície ou o embranquecimento dos cabelos, por exemplo. Se as repusermos no futuro com injeções de células-tronco, nossa cabeleira voltará, e os sinais de envelhecimento regredirão. Segundo Aubrey de Grey[4], geneticista da Universidade de Cambridge, "As pessoas que receberem essas terapias vão se parecer exatamente com os jovens adultos de hoje".

Nanorrobôs serão introduzidos na corrente sanguínea e farão a faxina, eliminando toxinas e dejetos que estejam poluindo o corpo, desobstruindo artérias entupidas. Esses nanorrobôs poderão ter o tamanho de células humanas e destruir vírus, bactérias e células cancerígenas antes que o nosso corpo sofra consequências. Desempenharão as funções das nossas células saudáveis, só que com muito mais precisão.

Quando nos tornarmos quase imortais, só se morrerá em casos extremos, como em um acidente grave em que a morte for instantânea ou quando não der tempo de ser prestado o socorro devido. As famílias vão crescer. Você andará de moto ou surfará com seu tataraneto. Já pensou? Sofreremos bem menos, pois teremos menos perdas de parentes, amigos.

A previsão é que isso aconteça daqui a mais ou menos 45 anos. Então, prepare-se, exercite seu corpo, sua mente, viva de forma saudável, cuide-se enquanto a imortalidade não chega!

---

[4] Aubrey de Grey, "Você Pode ser Imortal", de João Vito Cinquepalmi, Revista Super Interessante (http://super.abril.com.br/ciencia/voce-pode-ser-imortal-535997.shtml)

Minhas receitas:

1 - Alimentação saudável:

Frutas, legumes, antioxidantes, como mamão e cenoura, peixes e aves.

Você ganhará no mínimo mais 25% de vida.

2 - Beber água logo ao acordar:

Hoje é muito popular, no Japão, beber água imediatamente ao acordar. Além disso, a evidência científica tem demonstrado que esse tratamento pode aumentar em 15% nossa expectativa de vida.

a. De manhã e antes de escovar os dentes, beber dois copos de água;

b. Escovar os dentes, mas não comer ou beber nada durante 15 minutos;

c. Após 15 minutos, você pode comer e beber normalmente;

d. Depois do lanche, almoço e jantar, não se deve comer ou beber nada durante 2 horas;

e. Devemos ingerir de 2 a 3 litros de água por dia;

f. Pessoas idosas ou doentes que não podem beber dois copos de água, no início podem começar a tomar um copo de água e aumentar gradualmente;

g. O método de tratamento cura várias doenças e permite desfrutar de uma vida mais saudável.

3 - Atividades Intelectuais:

É mais do que sabido que exercitar o cérebro com jogos de tabuleiros, palavras cruzadas, leitura e até andar de moto, estimula os neurônios e mantém a saúde intelectual.

4 - Vida Social:

Conviver com amigos, cônjuge e parentes, torna a vida mais positiva. As pessoas próximas nos dão apoio quando estamos deprimidos e vice-versa. As pessoas casadas levam vantagem, pois sempre estão acompanhadas nas horas mais difíceis. É sabido que os idosos cardíacos casados vivem mais alguns anos que os solteiros. Participar de encontros e festas também é bem estimulante. Jogar um pouco de conversa fora, alivia as tensões dos problemas do dia a dia.

5 - Otimismo:

Devemos sempre pensar positivamente. O positivismo evita o sofrimento por antecipação dos problemas. Essa conduta aumenta a imunidade. A esperança de um futuro melhor, os novos projetos estimulam todo nosso corpo e diminuem bastante a incidência de problemas de saúde. Há quem diga, inclusive, que pessoas deprimidas têm mais chance de desenvolver câncer.

6 - Atividade física:

Nada do que falamos anteriormente adianta, se levarmos uma vida sedentária. Nosso corpo é feito de muitos músculos. Eles sustentam nosso esqueleto e estimulam nossa corrente sanguínea. Nosso coração é um músculo, e o mais importante do nosso corpo. Ele precisa estar sempre forte. Sem atividade física, nosso corpo deteriora aceleradamente.

Precisamos praticar esportes frequentemente, de preferência, diariamente.

7 - Banho frio:

Os efeitos benéficos do banho frio são muitos, como falei no primeiro capítulo. Esse costume também vai ajudar você a ganhar alguns aninhos na conquista da sua imortalidade.

8 - Dormir cedo:

Devemos dormir 8 horas diárias, e no mais tardar às 22h.

DESAFIOS:

- ACEITAR-SE E AMAR-SE;

- ENCARAR O PÚBLICO;

- PEDIR SEMPRE A PALAVRA EM QUALQUER REUNIÃO, SEJA PROFISSIONAL, SEJA FAMILIAR;

- RETARDAR O ENVELHECIMENTO PARA ESTAR VIVO QUANDO A IMORTALIDADE FOR ALCANÇADA;

- TORNAR-SE UM AVENTUREIRO, NO BOM SENTIDO DA PALAVRA.

CAPÍTULO

5

ESPIRITUALIDADE

Transforme o problema da espiritualidade em desafio

O que é religião? Segundo a Wikipédia[5], deriva *do latim religio*, usado na Vulgata, e significa "prestar culto a uma divindade", "ligar novamente" ou simplesmente "religar". Pode ser definida como um conjunto de crenças relacionadas com aquilo que parte da humanidade considera como sobrenatural, divino, sagrado e transcendental, bem como o conjunto de rituais e códigos morais que derivam dessas crenças.

Eu acredito que, se você praticar o bem, respeitar os dez mandamentos, que são bem coerentes (e na verdade se resumem em exercitar o amor), estará caminhando em harmonia com seu Deus. Portanto, não tenha pressa em se definir, mas espiritualize-se, busque a conexão com o Divino, frequente um local em que você se sinta bem.

Ao buscar Deus você encontrará a paz de espírito e a esperança que te farão mover o mundo para realizar seus sonhos, alcançar suas metas. Deus é amor, e, se você O amar, se amar e amar o teu próximo, certamente, estará sintonizado com a energia superior.

Existem muitas crenças e religiões em nossa sociedade, e devemos respeitar todas. Cada um tem o direito de acreditar ou desacreditar no que quiser. Mesmo pessoas do mesmo segmento religioso, às vezes, discordam e acreditam em coisas diferentes.

A partir do momento em que não concordamos com a doutrina que está sendo pregada pelos padres, pastores, ministros, podemos mudar de caminho.

---

[5] (Wikipédia, a Enciclopédia Livre) http://pt.wikipedia.org/wiki/Religi%C3%A3o).

Aliás, fé e religião são coisas bem diferentes. O que importa é ter fé, não necessariamente uma religião. A escolha de um caminho espiritual é realmente um desafio, pois esbarramos em muitos preconceitos. Se você tem fé, se sente mais forte, não se sente sozinho, e nos momentos difíceis vê a luz em meio à escuridão.

Normalmente, herdamos a religião dos nossos pais, e fica difícil mudar. A família, provavelmente, vai ser contra essa mudança, mas devemos decidir nossos rumos sem nos preocuparmos com o que os outros pensam. A vida é nossa, as escolhas são nossas, e delas depende nosso futuro.

Primeiro, esteja certo de sua crença. Depois, comece a busca de sua espiritualização. Aliás, uma das maneiras de você começar a se conectar com Deus é fazer o bem.

O COELHO E O CASTOR

O castor vivia falando para o coelho que não acreditava em Deus. Que não tinha provas de sua existência. Que não acreditava que ele tinha construído um mundo tão grande e complexo.

O castor estava construindo um dique enorme, o maior que já tinha construído. Todos os dias, empenhava-se em recolher gravetos rio abaixo, empurrava pedras e, num trabalho estafante, ia construindo seu grande objetivo. O coelho ficou um tempo sem visitá-lo, pois estava indignado com a maneira cética com que o castor encarava as suas crenças. Os dias foram se passando, e o enorme dique ia tomando forma. O castor estava orgulhoso, pois nunca tinha visto um dique tão grande quanto o seu. Estava se gabando. Mas não chamava ninguém para mostrar por que queria fazer surpresa. Com certeza ele iria ficar famoso pela sua obra monumental. Os dias foram se passando, e a obra chegando a sua fase final, sem que ninguém a tivesse visto. Ela ficava depois da curva do rio, um lugar pouco frequentado pelos animais. Durante todos esses dias em que trabalhou na construção do seu dique, o tempo estava firme, sem chuvas. O sol forte ajudava a iluminar os cantos do rio onde se escondia a maioria dos gravetos. O castor estava estafado, o dique estava praticamente pronto. Mas ele não contava com uma mudança brusca do tempo. Caiu uma chuva violenta, e com ela veio a enxurrada, carregando todo trabalho do castor rio abaixo.

Depois da chuva o coelho estava passando por ali e resolveu conversar com o castor. Apesar de estar inconsolável com o acontecido, o castor não parava de se gabar de ter construído o maior dique jamais visto. Mas o coelho incrédulo virou para o castor e disse:

— Ninguém vai acreditar na sua história.

— É, seu coelho, você tem razão, quem vai acreditar que um castor sozinho construiu o maior dique de todos os tempos. Por mais que eu explique, por mais que eu conte em detalhes, ninguém vai acreditar na obra que fiz... Ninguém viu...

— Pois é seu castor, assim talvez o senhor possa repensar seus conceitos e começar a acreditar um pouco na obra de Deus. Não existem provas. Como a sua!

Não estamos aqui por acaso. Esta obra maravilhosa que é nosso mundo e os seres humanos tem que ter sido concebida por algum ser superior.

Não estou escrevendo para convencê-los disso ou para sugerir a melhor crença ou religião. Estou apenas fazendo reflexões para que você pense e encontre um caminho para se espiritualizar.

A BÍBLIA E O CELULAR

Recebi este texto por *e-mail*, não descobri quem é o autor, mas achei tão interessante que resolvi transcrevê-lo.

"Já imaginou o que aconteceria se tratássemos a nossa Bíblia do jeito que tratamos nosso celular?

E se sempre carregássemos nossa Bíblia no bolso ou na bolsa?

E se déssemos uma olhada nela várias vezes ao dia?

E se voltássemos para apanhá-la quando a esquecemos em casa ou no escritório?

E se a usássemos para enviar mensagens aos nossos amigos?

E se a tratássemos como se não pudéssemos viver sem ela?

E se a déssemos de presente às crianças?

E se a usássemos quando viajamos?

E se lançássemos mão dela em caso de emergência?

Ao contrário do celular, a Bíblia não fica sem sinal.

Ela pega em qualquer lugar.

Não é preciso se preocupar com a falta de crédito porque Jesus já pagou a conta, e os créditos não têm fim.

E o melhor de tudo: não cai a ligação, e a carga da bateria é pra toda vida.

Nela encontramos alguns telefones de emergência:

Quando você estiver triste, ligue **João 14**.

Quando pessoas falarem de você, ligue **Salmo 27**.

Quando você estiver nervoso, ligue **Salmo 51**.

Quando você estiver preocupado, ligue
Mateus 6: 19-34.

Quando estiver em perigo, ligue **Salmo 91**.

Quando Deus parecer distante, ligue **Salmo 63**.

Quando sua fé precisar ser ativada, ligue
Hebreus 11.

Quando você estiver solitário e com medo, ligue
Salmo 23.

Quando você for áspero e crítico, ligue
1 Coríntios 13.

Para saber o segredo da felicidade, ligue
Colossenses 3: 12-17.
Quando você se sentir triste e sozinho, ligue
Romanos 8: 31-39.
Quando quiser paz e descanso, ligue
Mateus 11: 25-30.
Quando o mundo parecer maior que Deus, ligue
Salmo 90.

Recebi essa relação de telefones de emergência por um *e-mail* e achei por bem compartilhar.

Anote em sua agenda, um deles pode ser importante a qualquer momento em sua vida!"

(Autor desconhecido)

Realmente, nos faz pensar... Ainda que você não atribua à Bíblia um sentido sagrado, não pode negar que é um livro que tem muita sabedoria.

DESAFIOS:

- SÓ FAZER O BEM;

- CONHECER OUTRAS CRENÇAS E RELIGIÕES SEM PRECONCEITOS;

- ESPIRITUALIZAR-SE.

ENCARE COMO DESAFIOS AS LIÇÕES QUE A VIDA ME ENSINOU:

1- Aposentar-se, sim; parar de trabalhar, nunca;

2- Dizer que uma andorinha só não faz verão é um pensamento covarde e derrotista;

3- O sexo é um dos maiores prazeres da vida; aprenda a desfrutá-lo da melhor maneira, pratique sempre, faz bem para saúde física e mental;

4- A vida é maravilhosa apesar dos altos e baixos;

5- Se estiver indeciso, dê um passo de cada vez;

6- O ódio nos rouba energia, tempo e nos deixa próximos do negativo;

7- Dê sempre atenção à sua família e aos seus amigos, eles é que vão cuidar de você quando adoecer ou envelhecer;

8- Pague suas dívidas sempre que entrar uma graninha extra;

9- Não precisamos vencer todas as discussões;

10- Se sofrer, chore sem nenhuma vergonha. Vai te fazer bem e te ajudar a limpar os canais lacrimais, rsrsrs;

11- A arte do autoconhecimento é a alfabetização na escola da vida;

12- A felicidade é conquistar o maior número de momentos felizes;

13- Arrume, arrume-se, limpe, termine o que começou, feche o que abriu e abra um novo horizonte em sua vida;

14- O passado passou, não deixe que ele estrague seu presente e seu futuro;

15- Não se preocupe com a vida dos outros nem a compare com a sua. Cada um tem a sua jornada;

16- Ser feliz é um estado de espírito, não depende de estarmos acompanhados;

17- É sempre melhor procurar emprego, empregado;

18- "O peixe morre pela boca" e "lugar de médico é na cozinha". Se fizer uma alimentação saudável, diminuirá a incidência das doenças e ganhará anos de vida;

19- Respire profunda e pausadamente de vez em quando, isso acalma a mente;

20- O ciúme aprisiona não só o outro, mas a si mesmo;

21- Sorrir movimenta um número de músculos bem menor do que ficar bravo; então, SORRIA, ainda que seja por economia;

22- Só dê importância ao que for útil, bonito e prazeroso;

23- Procure a felicidade nas coisas simples da vida, como observar a natureza;

24- Nunca deixe de ser criança;

25- Persiga sempre seus sonhos;

26- Todo dia é um dia especial, produza-se;

27- Raramente aceite um não como resposta;

28- Não tenha medo de ser excêntrico; ouse, faça o que lhe der na veneta, desde que não cause mal a ninguém;

29- O nosso órgão mais importante é o cérebro, exercite-o;

30- Só você é responsável pela sua felicidade;

31- Perdoar é preciso;

32- Se tivermos projetos e trabalharmos naquilo que gostamos; se tivermos sonhos e acreditarmos neles;

se nos relacionarmos com as pessoas que amamos, de coração aberto, sem querer nada em troca, certamente, encontraremos a felicidade;

33- O tempo cura quase tudo;

34- O que outras pessoas pensam de você não é da sua conta;

35- Procure sempre fazer o bem, não importando a crença, a religião ou o Deus em que acredite;

36- Ajude ao próximo sem esperar nada em troca;

37- Todas as discussões deveriam sem em prol da preservação da nossa espécie. De que adianta nos tornarmos imortais se não tivermos onde viver?

38- As brigas e as agressões físicas ou verbais, só levam ao desatino e ao sofrimento;

39- Aproveite cada momento da infância de seus filhos; ela é uma só;

40- Arrependa-se só do que não fez;

41- O diálogo é o instrumento mais eficaz na relação humana;

42- Exercite-se física e mentalmente;

43- A verdade é sempre a melhor opção;

44- A mentira e a omissão têm pernas curtas, e dá trabalho administrá-las;

45- Todas as pessoas têm algo de bom a oferecer, cabe a você identificar;

46- Acredite nos seus projetos, vá adiante, seja perseverante;

47- O grande desafio é transformar-se em um aventureiro destemido do amanhã e do desconhecido;

48- Cuide-se enquanto a imortalidade não chega!

49- Transforme seus problemas em desafios!

COMO NÃO TRANSFORMAR OS DESAFIOS EM PROBLEMAS

Bem, cheguei ao final ou ao começo, mas é só o primeiro livro, e espero que venha a ajudar você em algum momento.

Os livros de autoajuda são importantes para trocar experiências, para abrir os horizontes de nossa mente,